日本の衝撃
侵略か！解放か！

太平洋戦争の歴史的意義を問う

三ツ森正人

幻冬舎ルネッサンス新書
264

はじめに

『「太平洋戦争」（大東亜戦争）は、聖戦を標榜し、それを実行し、それを現実のものとした稀有の戦争であろう！』

太平洋戦争は「侵略」なのか？　それとも「解放」なのか？

この大切な問題について、私のような者が述べなければならないのが日本の現状である。著名な先生方は答えを出す使命を放棄されているように思えるからだ。

私は本書と同じような書籍を幻冬舎ルネッサンスから2冊出版させていただいている。題名は『昇る太陽――知られざる大東亜戦争とアジアの独立』（2018年）と『煌めく太陽――太平洋戦争はアジア侵略戦争だったのか』（2020年）である。時々、知人から「太平洋戦争を賛美するような本をよく書くなあ」とか、「どこかでブスっと刺されるで！　なぐられるで！　あぶないぞ！」と言われることがある。それでも後世に真実を伝えるために本書を執筆した。

日本の近現代についてかなり肯定的に記述している。是非最後まで目を通していただきたい。

では、何故本書を執筆したのか？　特にあの「太平洋戦争」（大東亜戦争）について我々は、その正しい認識、正しいと思われる認識、意味付け、あるいは正鵠を得た捉え方をきちっとする必要があると思うからである。

戦後、我々の世代が教わってきた近現代史（特に満州事変〜太平洋戦争）、またマスコミが伝える、語る歴史、特に近代・現代史は、日本に限って言えばアメリカによって「これが真実だ！　このように捉えなさい！」と押し付けられ、決めつけられた歴史なのである。そして、それに阿諛追従する学者、教授陣により、あたかもそれが真実であるかのように固定され、流布された歴史観なのである。教育においても、まさにこの真実と思わせるような近代日本悪玉史が教えられている。

確かに一面は正しいかもしれないが、この偏った歴史教育のため、現在の世界で生じている様々な事件、紛争、戦争の原因、解釈、説明等は、だんだん無理が生じているように見えてならない。「ロシア・ウクライナ戦争」に対する報道を見てもその思いは強くなるばかりである。因みに今回のロシア侵攻の直接的な原因は以下と思われる。

以前から紛争の絶えないウクライナ東部のドネツク州、ルガンスク州の停戦を求めて、２０１４年9月ミンスクにおいてロシアとウクライナ間で停戦合意がなされた。その中で最大の合意はウクライナの「ドネツク州及びルガンスク州を特定（特別）地域として自治を認める」ということであった。

しかし、自治に向けての進展が見られないため再度２０１５年2月に、今度はドイツも会談に参加し、この特定（特別）地域実現のためウクライナによる法律の整備、選挙の実施を促すよう合意された。だが、ウクライナがこれを放置したため、ロシアが侵攻を開始した。確かに様々な理由はある。しかし、こういったことは全く伝えられていない。必ずしもプーチン個人の独裁性ではない。

日本に流布された歴史観の影響に話を戻せば、その及ぶ範囲は単なる歴史・政治といった分野だけではない。あらゆる分野に影響を与えているからである。この点に関しては本書の最終章で言わざるを得なかったように、国内外から、我が国が積み上げてきたもの、我が国が持つ優れているものの一つ一つの芽をつまれているかのようである。

この押し付けられた歴史観は、（確かに一面は正しいかもしれないが）正しいといえる知識ではない。それでは世界を（物事を）正しく見ることはできない。それでは世界の諸問題の本質を捉えることはできない。諸問題は解決しない。

世界は196ケ国ある。G7（日本以外は何と欧米である！）が世界ではない。世界の代表ではない。欧米が勝手に決めただけである。難しいけれど、この世界について正鵠を得た正しい捉え方をしなければ正しい道を歩めないし、真の平和は来ない。私はそう考えている。

そして、特に〝正鵠を得た捉え方〟をする必要があるのが、この〝歴史的な流れから見る〟「太平洋戦争」（大東亜戦争）である。歴史の流れからどう捉えるべきか。以下の三つのポイントにまとめた。

①この戦争は単なる〝侵略戦争〟ではない。
それどころか、明らかに〝アジア解放の意味合い〟を持っていた。日本軍の残虐行為がなかった、現地住民をいつくしんだなどと主張しているわけではない。
※日本軍の残虐行為等の有無と、この戦争の〝歴史的な意味合い〟とは別な話である。

②この戦争を経ずして〝アジア、そしてアフリカの植民地は解放されたのか〟？
歴史的事実として、欧米に支配されていたアジア、そしてアフリカの各国は太平洋戦争後に植民地から解放された。さて、この戦争を経ずして植民地の解放はあったのか。私はこれまで多くの文献に目を通してきたが、納得できるような回答を聞いたことがない。
※アジア諸国が独立したのは第四章の古谷氏④のところでも紹介しているが、
・時代の趨勢である。

・現地の独立闘争の結果である。

という主張である。

左翼系の人がよくする尤もらしい主張である。全く否定はしないが、主張内容に肉付けはなく具体性もなく説得性もない。国連においても「植民地独立宣言」が行われたのは、何と戦後15年も経った1960年12月14日なのである（賛成89ケ国、反対0、棄権9ケ国）。しかもこの時ですら、米、英、仏、ベルギー、ポルトガル、スペイン、南アフリカ、オーストラリア、ドミニカ共和国の9ケ国は棄権している。現実はこの宣言後からまだ多くの年月を要するのである。

何を根拠に時代の趨勢といえるのか。因みに「人種差別撤廃宣言」はさらにそれから3年後の1963年である。

③この戦争は実際のところ〝世界に、世界史にどういう影響を与えたのか〟？

太平洋戦争を経て世界は変わり、世界史に多大な影響を与えた。それは本書のテーマの一つであり、これから詳しく述べていく。

ただし、本書は既刊の2冊とは少し趣向を変えている。今回は、（あくまでも私が思う）著名な先生方は実際どのように考えているのか、ほとんど唯一と思えるその一部分を紹介し、私自身の考えを述べる形の章を設けている。それは本書第四章の2節と3節である。

第四章の2節で扱うのが、『昭和史の論点』（坂本多加雄、秦郁彦、半藤一利、保阪正康　文春新書）に掲載された著者4名による対談形式のもので、同書の「大東亜共栄圏――「解放戦争」か「侵略戦争」か」のほぼ全文を紹介している。何と〝一番の肝〟に当たるこの部分に割いている頁は本文236頁中わずか8頁に過ぎない。いかにこの問題について斟酌することが憚られるかここでも表れている。因みに他の項目に目を移すと、〝盧溝橋事件から南京事件へ〟の部分は25頁、他の項目でも最低10頁を割いている。

第四章の3節については、文筆家・作家・評論家・令和政治社会問題研究所所長である古谷経衡氏の、この問題に関する論評を扱っている。これも関係している箇所は、ほぼ全文を紹介している。

二つの内容を比べると、古谷経衡氏は自身の考えを堂々と述べておられるが、他の4名は自身の考えを明確に、いや全く述べていないことが分かると思う。こじつけではなく普通に見れば当然のような内容でも「日本にとって功績につながるような内容ならば主張ができない、ためらいがある」という国家がはたして独立国といえるのか。著名な近現代史専門のお歴々が「太平洋戦争」（大東亜戦争）について、堂々と自らの意見が言えるようになった時、日本が〝真の意味で独立を果たした〟といえるだろう。

日本の衝撃　侵略か！解放か！

太平洋戦争の歴史的意義を問う

目次

序章　「太平洋戦争」（大東亜戦争）に至るまでの歩み

日米開戦まで

ここで、日本とアメリカが何故戦争をすることになったのか？　日清戦争からその経緯を見てみよう。

1　日清戦争　アジアの小国からの脱却

1854年、「ペリーの来航」により日本は260年に及ぶ天下泰平の眠りから覚め、ついに日本は鎖国を止め開国することとなった。すでに世界は日本が必然的にアジアや世界に打って出ざるを得ない状況に直面していた。当時はまさに、世界は欧米先進国（白人）による世界分割の時代であった。それは、日本にもジワジワと迫りつつあり、大国でありながら「眠れる獅子」中国（清国）もすでにその毒牙にかかりつつあった。イギリスとの〝アヘン戦争〟である。この戦争に清国は敗北し1842年の南京条約によりイギリスとの間で香港割譲、治外法権、関税自主権の喪失等が取り決められた。続いて1844年7月、アメリカとの間で同様の条約が結ばれた。同年10月にフランスとの間で同様の内容の黄埔条約が締結された。

こういった中で日本は不安定な国情で、やがて欧米列強の進出が予想される朝鮮に開国を要求し近代化、国内改革を求めた。朝鮮王朝は改革の意思はなく、事実上の宗主国である清国も朝鮮の近代化や改革を望んでいなかった。日本にとって猶予はなかった。朝鮮の改革断行は朝鮮から清国を排除する以外になく、1894年に日清戦争が勃発した。日本が勝利し下関条約が結ばれた。ついに朝鮮は独立国となり長きにわたる中華世界のくびきから解放されたのである。そして台湾、遼東半島は日本に割譲されることとなった。やがて清国は欧米列強の草刈り場となるのである。これまで中国を中心としてきた冊封体制の崩壊でもあった。しかし、目の前に真の世界の大国ロシアが迫ってきていた（余談であるが、この日清戦争で近代においてアジア人どうしがれっきとした艦隊を率いて戦った、最初で最後の唯一の海戦、黄海海戦がある）。

2　日露戦争　世界に躍り出た日本
――友好国だった米英と対立の始まり！

１９００年、無主の地満州で、義和団による「扶清滅洋」を掲げた義和団事件（北清事変）が勃発した。各国の多くの宣教師が殺害され、北京が20万人の義和団に包囲された。清は義和団を鎮圧するどころか、これを機に列強を排除しようと国軍として認め、英・米・独等８ケ国に宣戦布告をした。日露を中心とした８ケ国連合軍は義和団を破り清国は降伏。多額の賠償金を払うこととなった。

問題はこの時に満州に居座ったロシア軍である。満州から撤兵せず逆に増兵し始めた。ロシアは満州、朝鮮に領土拡張を求めたのである。ロシアは朝鮮から森林伐採権、鉱山採掘権等を獲得。ロシアのこういった南下政策を恐れたイギリスは１９０２年に「日英同盟」を締結した。ボーア戦争で疲弊していた大英帝国は「栄光ある孤立」を捨てたのである。１９０３年、ロシアは朝鮮の鴨緑江にある竜岩浦に軍事基地を建設し始め、日露交渉が開始された。満州はロシア、朝鮮は日本という「満韓交換」を持ち出したがロシアに拒否された。ロシア極東兵力が増強される前に開戦する必要があった。三国干渉による遼東半島返還の恨みもあり、日本の独立をかけて、乾坤一擲の日露開戦に踏み切った。

戦いは世界の予想に反して陸でも海でも連戦連勝となった。最後の決定打は対馬沖において、はるばるヨーロッパからアフリカの喜望峰を経て回航してきた〝バルチック艦隊〟をほぼ全滅させた「日本海海戦」である。これ以降ロシアは無海軍国になりさがった。この海戦は数ある世界の海戦の中で一番歴史的に重要な海戦であろう。日本の勝利は単なる二国間の勝敗を超えて「劣等人種の有色人種」が「優秀人種の白人」に打ち勝った戦争となった。全アジア人に希望を与えたのである。とにもかくにも日本、朝鮮、満州を救ったのである。その導かれる結果として中国、ひいてはアジアを救うことになるのである。もし負けていれば、今もアジアやアフリカは植民地状態のままであろう。これを翻せば欧米にとっては日本の勝利は脅威なのであった。欧州にいた孫文は『……ロシア艦隊を全滅させたニュースが伝わると全ヨーロッパの人々は父母を失ったように悲しんだ。日本の同盟国であるイギリスも、ほとんどの人が眉をひそめ、日本の大勝利は白人の幸福でないと考えた。……』と証言している。

3　新興国対新興国――日本（最長の歴史と伝統を持つ新興先進国）対アメリカ（歴史も伝統もない新興先進国）

第一次世界大戦

「日露戦争」は「世界〇《ゼロ》次大戦」という説もあるが、1914年に世界で初めて複数の先進国どうしが戦った大戦が勃発した。日本はアジアで唯一参戦した国であった。ドイツ、オーストリア、トルコを中心とする同盟国軍対アメリカ、イギリス、フランス、ロシアを中心とする協商国軍（連合国軍）との大戦で日本は日英同盟の関係で連合国側についた。結果日本は戦勝国となり、ベルサイユ講和会議でドイツの統治領であった北マリアナ、パラオ、ビスマルク諸島等の南洋諸島を獲得した。結果アメリカにとって警戒心を抱かせることとなった。

一方アメリカは、連合国に対し多くの債権を持っており、回収不能となることを恐れ1917年に連合国側に立って参戦した。形勢は連合国に傾き勝利の原動力となった。この戦争の結果、アメリカは世界一の債権国となり、実力世界一の国となった。太平洋を挟んで日米が向かい合うことになった。

ワシントン体制

1921年、アメリカは初めて自国が主導する「ワシントン会議」を開催した。世界一となった実力を世に示したといえるだろう。これは体のいい日本封じ込め政策といえる。アジア、太平洋に利権を持つ国が集まった会議であるが、決まった内容で実質影響を受けるのは日本であった。会議に参加した9ケ国の間で条約が交わされ中国の領土保全、門戸開放が確認され、日本が前記の大戦で獲得した山東省は中国へ返還された。また日本とアメリカとの間で取り決めていた中国に関する協定である「石井・ランシング協定」は破棄された。さらに、4ケ国（米・英・仏・日）の間で条約が交わされ、太平洋の権益保護等が取り決められ日英同盟は破棄された。これらの条約は他国にとっては何ら実質的な影響はなく、アメリカにとってはプラスであり、日本のみが抑え込まれた状況になった。

中国をめぐる日米対立

以上のように共に実力をつける日米間の齟齬は深まりつつあったが、日米戦争に至った要因は太平洋の利権ではなく中国をめぐる対立が原因である。しかし、いくら考えても何故「太平洋戦争」に至ったのかは私自身よく分からない。アメリカの鉄道王ハリマンの南満州鉄道の共同経営参画を断ったことも日米戦争の遠因だともいわれるが、私はただ、アメリカがとにかく日本を叩きのめしたいから戦争をしたとしか思えない。

満州事変を経て無主の大地に近代国家「満州国」を建国した。確かにいいとはいえないが、そんなに批判されるようなことであろうか。日本が軍閥や馬賊が群雄割拠している大地に、一つの秩序ある国体を作ったということができる。そして、中国は蔣介石が中国を代表する権力者になった。

1937年7月7日の盧溝橋事件により北支事変（当初はそう呼ばれた。もともと、そんなに拡大するとは考えていなかったからである）が勃発、そして、翌8月に第二次上海事変が勃発（北支事変から支那事変に改名）、これにより中国全土に戦火が広がることとなった。上海攻略後に南京攻略が行われ、その後武漢作戦が開始された。このままでは中国が日本に屈服する恐れがあったため、アメリカ、イギリス等が中国（蔣介石政権）を支援し始めた。それにより日本に対する国際世論も厳しくなってきた。ついにアメリカは、1939年に日米通商航海条約破棄を通告してきた（一年後に失効となる）。日本がアメリカの権益を阻害しているという理由であるが、本音は日本が中国市場を独占することを恐れたのであろう。

〝貿易しなければ衰微する〟日本は中国との泥沼化する日中戦争（支那事変）を収めたいため、蔣介石政権に何回か和平を持ちかけたが、蔣介石政権はアメリカを引き込みたいのか応じる気配はなく、重慶に立てこもり長期戦に構えていた。日本は親日派の汪兆銘を重慶から脱出させ南京政府を樹立したが、効果はなかった。日本は蔣介石の支援ルートを断ち切るため北部仏印（旧北ベトナム）に進駐したが、米英は新たにビルマルートを開通させた。第二次世界大戦はすでに始まっており、日本は快進撃を続けるドイツを頼みとしてアメリカに対抗できると期待し、日・独・伊三国同盟を締結した。これは逆効果となり、ますます日米関係を悪化させた。

4　日米交渉決裂

『日本の奇襲攻撃は別に驚くには当たらぬ。われわれは何週間にもわたり、彼らを戦争に駆り立てていたのだから』（『リンドバーグ第二次大戦日記（下）』チャールズ・A・リンドバーグ　KADOKAWA　12月8日　月曜日）

ついに、中国をめぐって悪化する日米関係を打開する方法は直接交渉しかないと考え、1941年2月に元海軍大将野村吉三郎がワシントンに派遣された。12日に国務長官コーデル・ハル、3月にルーズベルト大統領と会談したが、アメリカは武器貸与法を成立させ対ドイツ色を鮮明にしており、ハル国務長官は①国家の領土保全、②他国への内政不干渉、③機会均等、④太平洋の現状維持という4原則を持ち出し、折り合う姿勢は見えなかった。一方の日本の松岡外相の原則は①支那事変処理に貢献すること、②三国同盟に抵触せざること、③国際信義を破らざることであった。

アメリカは日本に意見書を提出した。①アメリカが自衛のため参戦するのは阻害されない、②日支和平の仲介はできない、とあった。日本にも問題はあるが私はアメリカのこの〝日支和平の仲介はできない〟という姿勢は（真に戦争を避けたいのなら）解せない。日中戦争が泥沼化しており米英ソが支援している以上、日中和平実現はアメリカの仲介以外にはありえない。また、日本が日米交渉を成立させるためには中国からの撤兵しかありえない。それは、日本にとって負けてもいないのに中国に敗北したのと結果同じであり、どう考えても受け入れられるものではなかった。その上日本は直接アメリカの領土を侵しているわけではない。また日中戦争は日本が一方的に起こし拡大したものではない。このアメリカの一方的な日本を制裁するような交渉態度は、和平を望んでいたとは思えない。間違いなくアメリカは、日本が中国市場を独占することを恐れたのであろう。にもかかわらず、現在でもマスコミ等は、中国を侵略している日本を正義の国アメリカが誅したのである、といったイメージで伝えている。

近衛内閣は軍の圧力に屈して南部仏印（旧南ベトナム）に兵を進駐させた。軍にしてみればいざ日米戦争になった場合に備えたといえる。これに対しアメリカは、今まで手控えていた石油の全面禁輸に踏み切った。手詰まりとなった近衛内閣は退陣したが、軍部を抑えることを期待して陸軍大将（首相就任と同時に昇進）東條英機が首相となった。

日本は蔣介石政権と汪兆銘政権の合併を条件に交渉を続けたが、アメリカはとにかく中国からの撤兵を繰り返すのみであった。どちらが正しいというわけではないが、アメリカが日中和平の仲介に入ってくれればこの戦争は防げたかもしれない。アメリカも参戦を望んでいたのだろうか。もしかしたらいくら日本に無理を言ってもいずれ屈服するだろうと考えていたのであろうか。

ついに、11月に運命のハル・ノートが日本政府に手交された。内容は①ハル4原則の堅持、②中国（満州を含むと考えられている）、仏印からの一切の軍事力・警察力の撤収といったものであった。万事休す！といえよう。確かに最後通告でもないため交渉すべきであったという学者もいるが、石油も止められ、10倍以上の国力を持つアメリカを相手としているのであるから、そんな余裕はなかったといえよう。第一アメリカは、何故こんな日本が到底受け入れられないものを提案してきたか理解できない。日本はついに、12月1日の御前会議で開戦を正式に決定した。開戦日12月8日！である。

やはり、どう考えても日米戦争は日本にとって（例え日本が悪いと仮定しても）〝追い詰められた戦争〟であることは否めない。アメリカはどのような姿勢でこの日米交渉に臨んだのであろうか？　和平に向けての意志が感じられない。戦争を忌避しようという意思が感じられない。

もう一度総括的に述べると、日本が「〝アジア征服・制覇〟を目指しそれに向けて計画立案し、その制覇を実現するためにアメリカとの戦争に踏み切った」という捉え方は、どう見ても出てこない。左翼系の人達は何故「太平洋戦争」（大東亜戦争）を単なる「侵略戦争」と主張するのかよく分からない。

こうしてみるとこの「太平洋戦争」（大東亜戦争）は「解放戦争」でもなく、「侵略戦争」でもない。直前の経緯だけを見れば〝追い詰められた戦争〟であり、よく考えれば「解放戦争」も「侵略戦争」も、どちらもあと付けといえるだろう。

第一章　アジアにおける開戦前の状況と独立までの概要

まず、「太平洋戦争」（大東亜戦争）の概要を知ってほしい。

「太平洋戦争」が「アジア解放戦争」だと言っても、また「侵略戦争」だと言っても、その戦争の概要を知らなければ理解しにくいだろう。何を言っているのか分からないと言われたことは多々ある。その当時のアジアの状況と「太平洋戦争の概要」を知らなければ、今一つ、いや全くピンと来ないと思う。そのためまず、この太平洋戦争についいて、その〝独立・解放につながる〟面を中心に概要を述べたいと思う。とはいうものの素人の私の説明であるため、経緯程度しか述べられないがそれで充分と思う。また「大東亜戦争」という別の（本当の）名称が何故あるのかも理解することができるだろう。

1　開戦前の東アジアの現状

1859年、米国の元司法長官のマサチューセッツ州議会での演説。

『……われわれは優れた白人種に属し、つまり男性にあっては知性の、女性にあっては美しさの完璧な具現化、それこそ力と特権であり、どこへ行こうと、どこにいようと、キリスト教化し、文明化し、従属を命じ、征服し、君臨する権力を持っている。私は自分の血と人種である白人とは、かりに英国のサクソン人であろうとアイルランド系のケルト人であろうと同格であると認める。しかし、米国のインディアンやアジアの黄色人種やアフリカの黒人が私と同格であると認めない。……』（『反日メディアの正体』上島嘉郎　経営科学出版社　第一章）

この戦争の持つ重要な意味合いの一つは、日本が進攻した地域はすでに他国（欧米列強）により侵略されていたということである（アジアだけでなくアフリカ、オセアニアも同じ）。欧米を除くと〝独立国は日本とタイ国だけ〟であったということである。タイ国はイギリスとフランスの緩衝地域として独立を保っていたに過ぎない。欧米を除くと世界で日本のみが独立を保っていた。

日本も朝鮮、台湾、満州国という〝植民地〟を持っていた。しかし、これらは欧米の植民地とは少し違う。朝鮮は合併であり、欧米の承認を得ている。台湾は清国からの割譲であり、強引に力ずくで奪取したわけではない。台湾は瘴癘《しょうれい》と未開の「化外の地」であった。清国にとってある意味、好きにしてくださいというような島であった。そこに近代的な医療制度、教育、インフラ整備がなされ現在の台湾の基礎が築かれたのである。つまり、朝鮮にしても、台湾にしても、欧米のようにそこの住民を日本の利益のために隷属させ奴隷のように扱ったわけではない。満州国は複雑な要素が絡んでおり、単なる軍事侵攻による奪取といった単純なものではない。

この広大な満州の地については、昔から多くの北方民族が入れ替わり立ち替わり支配していた〝無主の地〟であった。少なくともこの地域はもともと中国が主張する中国固有の領土ではなく、これまで中国政府がこの地域を統治したことはない。そこは力を持った軍閥が軍閥維持のため圧政を敷き、そこの住民から税金を巻き上げ、また匪賊が横行する無法地帯に過ぎなかったのである。したがってこの満州事変はどこかの独立国や独立国の一部を奪取したというものではない。アメリカやイギリスの戦勝国は日本を〝悪の国〟とするために、もともと中国固有の領土とせざるを得なかったのである。ましてや満州国は、満州出身の清王朝の元皇帝がまた元の土地に返り咲いたという意味合いも大いにある。国際連盟でも同地域の日本の特殊権益等を認めていた。日本は連盟を脱退する必要はなかった。もう少し付け加えると満州国において1932年3月に「人権保障法」が公布され、1935年11月に日本の「治外法権の撤廃」及び「付属地行政権の移譲」が満州国との間で締結された。よく言われるように、満州国は関東軍による傀儡国家ではない。当時は現実として関東軍による防衛、日本人による指導が必要であった。このように満州国は近代国家に向け一歩一歩歩んでいたのである。

「太平洋戦争」開戦前のアジア太平洋地域の状況を示すと次のようになる。

・「アメリカ」領：フィリピン
・「イギリス」領：インド、ビルマ、マレーシア、シンガポール、セイロン、香港
・「オランダ」領：インドネシア
・「フランス」領：ベトナム、ラオス、カンボジア

・「オーストラリア」領：西ニューギニア

右に示された地域は、インドを除いて全て「太平洋戦争」により日本軍が占領した。すなわち、アメリカ、イギリス、オランダ、フランス、オーストラリア軍は東南アジア、南太平洋、インド洋から一掃されたのである。

2 戦争の期間

①開戦：1941年12月8日：真珠湾、香港、マレー半島上陸、フィリピン等を同時攻撃

②終戦：1945年8月15日：天皇の玉音放送によりポツダム宣言を受諾したことを国民に通知（降伏調印式は9月2日）

つまり、1941年（昭和16年）12月8日〜1945年（昭和20年）8月15日の約3年9ケ月の戦いであった。

3　日本との交戦国（主要国のみ）

『日本はほんのわずかな間、アジアを席巻した。その進出は軍事的要素より、政治・経済的要素が強かったのだが、日本人の侵略性なるものが強調されすぎた……。日本は第一に、近代において大国として認められた最初のアジア国であり、第二に、その存在は「白人のアジア支配」に対する挑戦であった。第二次世界大戦の最大の皮肉は、日本がアジア解放の旗手として登場したことである』（『アメリカの鏡・日本　完全版』ヘレン・ミアーズ　KADOKAWA）

アメリカ、イギリス、オランダ（正式には1月に宣戦布告）、オーストラリア、中国（宣戦布告は10日）、インド（イギリスの植民地）と交戦。終戦直後にソ連が満州へ侵略を開始した。これらの国々は連合国（いわゆる戦勝国、正義の国）と呼ばれる。中国（蒋介石政権）とは、1937年7月7日の日華事変勃発で、すでに日本と交戦中であったが、ここにおいて正式に宣戦布告が行われた。事変から正式な戦争となった。

広く第二次世界大戦として見た場合、交戦国は次のような配置になる（参加国数については、国というものの捉え方によって多少違ってくる）。

枢軸国陣営：ファシズム陣営（日本、ドイツ、イタリア等9ケ国）：いわゆる悪の国（敗戦国）

対

連合国陣営：民主主義陣営（アメリカ、イギリス、中国、オランダ、ソ連等50ケ国）：正義の国（戦勝国）

結果的に、連合国陣営が勝利した。この陣営こそが、現在の国際連合（戦勝国連合、連合国）である。

※学校の授業や参考書などではこの「第二次世界大戦」は民主主義国対ファシズム国家の戦いであると教え、また記してある。この戦勝国の捏造（例：ソ連は恐るべき独裁国家であり、中国は国家の体をなしていない）ともいえるこの歴史観に対し次の言葉を紹介しておきたい。１９０９年に設立された全米黒人地位向上協会の設立者の一人であり、また教育者でもあるウィリアム・エドワード・バーグハード・デュ＝ボイスはシンガポールが陥落した時、日本の快進撃に喝采を送る黒人の動向に不安を抱いたアメリカ当局から尋問を受けた。その時にこう喝破した。『大英帝国はヒトラーが、あと１００年以上生き続ける以上の厄災を、人類にもたらした。もっとも奴隷貿易を繁盛させ、もっともアフリカを搾取し、四億人のインド人を支配した者が、民主主義を守るというのはバカバカしくて、話にならない』と。（『人種戦争――レイス・ウォー太平洋戦争　もう一つの真実』ジェラルド・ホーン　祥伝社　第５章）

※右のデュ＝ボイスの言葉は言うまでもなく、イギリスがこの戦争で〝守ろうとして

いるものは何なのだ！　民主主義ではなく獲得した植民地だろ〟と言っているのである。日本のマスコミはこういった表現で日本を擁護したり、あるいはアメリカ、イギリスを批判した事実を知らない。また触れたことすらない。何故なのか。真剣に考えるべきであろう。

4　交戦戦域、範囲（交戦範囲は史上最大）

①戦域：東南アジア、南太平洋、インド洋、中国大陸

②具体的範囲国：フィリピン（アメリカ領）、香港（イギリス領）、マレーシア（イギリス領）、シンガポール（イギリス領）、ビルマ（現ミャンマー、イギリス領）、ニューギニア（東部オランダ領、西部オーストラリア領）、インドネシア（オランダ領、一部イギリス領）、中国、ベトナム（フランス領）

※これ以外にも、インド、セイロン（現スリランカ）と交戦または攻撃している。これを見ても分かるように、日本がアジアに対し侵略したのではなく、すでに欧米に侵略されていた国々や地域に進攻したというのが実態であったということが理解できる。

5　開戦前と日本敗戦後の東アジアの比較対象

①開戦初期圧勝期：広大な地域を占領（1941年12月〜1942年5月）

太平洋戦争により日本が占領した地域及び時期

（現国名等）　（日本軍による欧米追放時期）

フィリピン（アメリカ領）　↓1942年5月　米軍追放

香港（イギリス領）　↓1941年12月　イギリス軍追放

マレーシア（イギリス領）　↓1942年2月　イギリス軍追放

シンガポール（イギリス領）　↓1942年2月　イギリス軍追放

ビルマ（現ミャンマー、イギリス領）→1942年3月　イギリス軍追放
インドネシア（オランダ領、一部イギリス領）→1942年3月　オランダ軍追放
ベトナム（フランス領）→1945年3月　フランス軍追放
ラオス（フランス領）→1945年3月　フランス軍追放
カンボジア（フランス領）→1945年3月　フランス軍追放

かくて右記のごとく東アジアは、〝旧植民地支配者空白地域〟となった。そして次に示すように、東アジア全域において独立国となった。

②日本により独立した地域及び時期（1943年8月〜1945年8月）

（現国名等）※（日）は日本（軍）による独立を示す。
フィリピン（アメリカ領）→1943年10月　独立（日）
香港（イギリス領）→1945年　イギリスが奪回
1997年　中国へ返還

マレーシア（イギリス領）　　→１９４７年　独立
シンガポール（イギリス領）　→１９６３年　独立
ビルマ（現ミャンマー、イギリス領）　→１９４３年８月　独立（日）
インドネシア（オランダ領、一部イギリス領）　→１９４５年８月　独立（日）
ベトナム（フランス領）　→１９４５年３月　独立（日）
ラオス（フランス領）　→１９４５年４月　独立（日）
カンボジア（フランス領）　→１９４５年３月　独立（日）

このように、開戦初期の日本の快進撃により、欧米列強は植民地から次々と追放されて〝アジア解放〟がもたらされた。

さらに、終戦（１９４５年８月）５ケ月前に、まだ残っていたベトナム、ラオス、カンボジアからフランスが追放された。このことにより、一時的ではあるが東南アジア、南太平洋から完全に欧米列強は追放された。すなわち、「アジア人によるアジア」となった。

6　大東亜会議開催――東京：国会議事堂で開催

①「太平洋戦争」（大東亜戦争）の意義を示す！

ここで、アジアや有色人種初の国際会議「大東亜会議」を述べる必要がある。この会議は日本におけるレッキとした〝遺産（レガシー）〟であり〝ハイライト〟であり〝この戦争の意義の集大成〟であるからである。大東亜会議は1943年11月に東京で開催された。〝傀儡を集めた茶番〟（この「大東亜会議」が茶番ならルーズベルトとチャーチルが大西洋上で会談した「大西洋会談」こそ、はるかに茶番だろう。米英はこの会談の宣言前後に、アジア・アフリカの植民地解放に向け何か具体的なことをしたのか？と言いたい。日本にはフィリピン、ビルマの独立、汪兆銘政権との日本の特殊権益の撤廃等実績がある。アメリカは多少本気だったかもしれないが、フィリピン独立は戦後であり、日本による独立をアメリカが焼き直したに過ぎない）だと言う人もいるが、この会議で国としての存在を否定された国家がその独立国の代表者としてその肉声を、その声をその主張を、世界に伝えたのである。国際連盟で否定された「人種差別撤廃」も盛り込まれた。理由はともかく画期的といえよう。

大東亜会議に対する当時の米・英等の反応は穏やかであった。当たり前である。「正義を標榜する米・英・仏」等は人種差別は当然のこととしており、多くの植民地を抱えていたから何も言えるはずがないではないか。正直耳が痛かったであろうと思われる。この大東亜会議がもう一回行われていたら、さらに影響が出たものとなっていたであろう。この会議は戦後の（学校では世界で初めての有色人種の国際会議と教えている）バンドン会議（アジア＝アフリカ〈ＡＡ〉会議）につながっていくことになる。因みにこのバンドン会議にオブザーバーとして参加したメンバーの一人、加瀬俊一（外務省参与）は他の参加国から『我々がこういった会議を持てたのは日本のおかげだ』『こっちへ来てくれ、私のところへ来てくれ』と大歓迎を受けたと述べている。

（大東亜会議の参加国等）　―（参加代表者）
・日本国　―　内閣総理大臣　東條英機
・中華民国（南京政府）　―　行政院長　汪兆銘

・満州国　　　　　　　　　　――国務総理大臣　張景恵
・タイ国　　　　　　　　　　――ワンワイタヤーコーン（ピブン首相の代理出席）
・フィリピン共和国　　　　　――大統領　ホセ・ラウレル
・ビルマ国　　　　　　　　　――内閣総理大臣　バー・モウ
・陪席（自由インド仮政府）　――首班　チャンドラ・ボース

以上の参加者により「大東亜共同宣言」が満場一致で採択された。

一、……大東亜の安定を確保し……共存共栄の秩序を建設す
一、……自主独立を尊重し……大東亜の親和を確立す
一、……其の伝統を尊重し……大東亜の文化を昂揚す
一、……緊密に提携し其の経済発展を図り大東亜の繁栄を増進す
一、……人種的差別を撤廃し普《あまね》く文化を交流し……世界の進運に貢献す

この宣言において「人種差別撤廃」が謳われている。あのルーズベルトとチャーチルが会談した「大西洋憲章会談」においてもこの「人種差別撤廃」は謳われなかった。何と戦後20年も経った1963年に「国際連合」（連合国）において「人種差別撤廃宣

言」が採択された。そのこともあり、当時の日本のマスコミはこれを「太平洋憲章会議」と呼称し「大西洋憲章会談」に対抗しようとしたのである。

〝太平洋戦争はアジア解放戦争だ〟また〝人種差別解放戦争〟と（私を含め）主張する者がいるのは、こういった事実があるからである。決して、単なる戦争正当化のための方便ではないのである。

②大東亜共生圏　もし日本が勝利していたら……

「太平洋戦争はアジア解放戦争だ」という主張は、日本が敗れたとはいえ結果から見れば否定できない事実である。しかし、もし勝利していれば「日本が支配する大東亜共栄圏」ではなく「日本と共に歩む大東亜共生圏」が形成されていたのではないか。確かにこの戦争に勝つために「共栄圏」「共生圏」なるものより〝資源獲得〟が優先された。しかし、資源を獲得するためにアメリカと戦争したわけではない。戦争せざるを得なくなったために資源獲得を目指したのである。国力がないために「共栄圏」ではなく「共貧圏」となってしまった。しかし、それでも「共栄圏内」において一方的な過酷な収奪のみが行われた様子は窺えない。台湾、朝鮮、満州の統治を見ても、この戦争に勝利していれば「大東亜共栄圏」が確立され、そして「大東亜共生圏」に移っていったと思う。

第二章　何故「太平洋戦争」を解放と考えるようになったのか

私がこのような考え方を持つようになったのは実は40～50年程前である。それ以前、特に若い20代の頃は、「憲法9条堅持、賛成」、敗戦による「正義の国アメリカからの民主主義の注入」、「日本の侵略行為の反省」等ということを主張する人間であった。それがだんだん以下のような理由でそれと正反対の主張をするようになったのである。

1　きっかけは「ベトナム戦争」

私が何故このような（「太平洋戦争（大東亜戦争）はアジア解放戦争」といった）主張をするようになったのか。そのきっかけから説明した方が読者は入りやすいのではないかと思う。少し長くなるが私は非常に重要な部分と思っている。是非おつきあいいただきたい。

それは戦後の「ベトナム戦争」がきっかけである。私が「ベトナム戦争」というものを知ったのは中学生の時である。アメリカが本格的にこの戦争に介入し始めたのは、私が12歳の時の１９６４年8月だ。朝礼で演台に乗った先生から『ベトナムで多くの命が奪われている』という話を聞いた。やがてベトナムは北ベトナム、南ベトナムと に分かれて戦争しており、そこにアメリカ軍（南ベトナム支援）が入り込み、よく分からないがそういったことが起きているということが分かった。

そして、アメリカの支援を受けていたにもかかわらず1975年（小生23歳の時）に南ベトナム首都・サイゴンが陥落、翌1976年7月1日に南北ベトナムが統一され「ベトナム社会主義共和国」が宣言された。そこまでは、戦争がやっと終わったのかという印象しかなかった。

しばらくして、あるベトナム戦争に関する映画を観た時に、本書のような主張をするきっかけを得ることになった。その映画にはフランス軍が出てきていたのである。

ベトナム戦争はアメリカの介入により、アメリカ（＋南ベトナム）と北ベトナムとの戦いではないのかと思っていた。しかし、映画を観て分かったのは、一応南ベトナム政府の要請という形を取っているが、フランスのあとを継いだような形でアメリカが介入したということである。つまり、ベトナムは1945年の日本敗戦直後の9月から、フランスと何年にもわたりずっと戦っていたのである。

そして、ベトナムはフランスとの長い戦いに勝利すると、次にアメリカとさらに11年にわたり戦ったということである。よく考えてみれば、確かにベトナムはフランスの植民地であったから当然であるが、衝撃的な事実であった。

フランスはまた、ベトナムを元の植民地時代に戻そうとしていたことが分かった。では、何故すでにフランスの植民地であったベトナムにフランスが改めて進出する必要があったのか、よく分からなかった。そのまま統治すればいいのではないかと思ったのである。

よく調べてみると、フランスは日本敗戦直前の1945年3月に日本軍によりベトナム（他にラオス、カンボジア）から追放されていたのである。つまり、ベトナムはすでにフランスの植民地ではなかったのである。

そして、日本はフランスを追放したあと、ベトナムにグエン朝バオダイ皇帝を擁立し、〝ベトナムを独立〟させたのである。つまり、終戦直後のベトナムは一応独立国だったのである。日本は他の2国も独立させた。

当時の私には、形が何であれ独立国に対してフランスが何故もう一度進出する権利があるのか、納得できなかった。そのような権利はあるはずがない。この問題に対するフランス政府の回答は現在までない。それは明らかな侵略であるからだろう。

この問題に気づいて以降、オランダの植民地であったインドネシアについても調べてみた。結果はベトナムの場合と全く同じであった。

オランダは１９４２年３月に日本軍によりインドネシアから追放されており、日本敗戦後、再植民地化のためにインドネシアに再侵攻をしていることが分かった。すでに１９４５年８月17日に、スカルノらにより〃インドネシアも独立を宣言〃しているのにである。

このオランダの行いは、これまた完全な侵略であろう。学校ではこういった形での事実は全く教えていない。その後、私は日本が東アジアにおいて何らかの形で独立に関与していることを知り、「太平洋戦争」の真実について興味を持ち始めたのである。

まず疑問に感じたのが、マスコミの報道や日本政府の対応である。

明らかに日本の教育は、またマスコミは、こういった事柄について言及を避けているように感じた。そして、その思いは間違ってはいなかった。

ベトナムは南北に分かれたとはいえ、1954年にジュネーブ協定によりフランスから独立したと世界史の教科書等には示されている。何故、1945年3月日本軍によりフランスから独立したと示さないのだろうか。

ベトナムは1945年3月に日本軍による「明号作戦」により、フランス統治から解放されている。その後、フランスの再侵略を退けたのが1954年であるが、その間ベトナムはフランスの統治下にあったわけではなく、支配を受けていたわけでもない。にもかかわらず何故、1954年がベトナムの独立日なのか。

私が考えるに、ベトナムの独立は1945年3月のバオダイ皇帝によるベトナム帝国が成立した日、遅くても1945年9月2日ホーチミンによる「独立宣言」（バオダイ皇帝を退位させ「ベトナム民主共和国樹立」）日に達成されていたと見るべきであろう。

インドネシアについても見てみよう。「太平洋戦争」下の1942年3月、日本軍が、インドネシアを支配していたオランダを降伏させ追放した。そして、インドネシアは終戦の1945年8月まで日本軍の軍政下にあり、同年スカルノらにより8月17日に独立した。オランダが追放されてから約3年5ケ月は、オランダの支配下にあったわけではない。その後もインドネシアは、オランダと戦争はしていたが、統治されていたわけではない。なのに何故、1950年オランダから正式に独立と記されているのか。1945年8月17日が独立日ではないのか。

日本軍政下の3年5ケ月＋5年間の戦争期間はオランダの支配期間と見るのか。インドネシアは1945年8月17日独立（この8月17日はインドネシア独立記念日として祝日となっている。インドネシア政府はこの独立に尽力した日本人に、同じ8月17日に1976年に4名、1988年に2名に国家最高の栄誉である「ナラリア勲章」〈独立栄誉勲章〉を授与している）、そしてオランダは独立国インドネシアに侵略戦争開始、と見るのが普通の捉え方であろう。

ベトナムも同様で、1945年3月にフランスの支配は終わっている。ベトナムはその後もフランスと戦争を続けたが、支配されていたわけではない。結局、戦後のこの侵略期間はインドネシア、ベトナム独立戦争と表現されている。戦勝国（国際連合）は、何が何でも「侵略戦争」と認めたくはないのであろう。

さらに言えることは、ベトナムもインドネシアも日本軍から多くの武器を供与されており、戦術も教わっていた。また、一部の日本兵も独立戦争に加わっていた。両国の独立に大いに影響を与えたに違いない（日本人6名に与えた「ナラリア勲章」は一つの証といえよう）。戦勝国側はこのことをさらに認めたくないのであろう。また明るみにさらしたくはないのであろう。

新たに設立された〝素晴らしい国連〟は、明らかな侵略行為を行っているフランスとオランダの両国を何故戦争犯罪国として裁かないのか。あくまで独立戦争と言いたいのであろうか。だとしても、何の正当な理由もなく侵攻を開始し多くの犠牲を出したこの戦争の罪を何故問わないのか。何故、何らかの制裁措置を取らなかったのか。

実のところ、ベトナムは国連にフランスの再侵略を訴えたことがある。国連も解決策を見出すべく制裁措置を取ろうとしたが、結局は実現していない。

※この部分は非常に重要なので、誰でも理解していただくために、この両国の独立の経緯についてまとめてみた。

【ベトナム】1862年フランス統治　→　1941年9月日本がベトナム占領（フランス、日本二重統治）→　1941年12月8日「太平洋戦争」開始→　1945年3月日本がフランス追放、バオダイ皇帝擁立（ベトナム独立）→　1945年8月日本敗戦　→　9月2日ホーチミン、バオダイ皇帝を退位させベトナム民主共和国樹立（フランスも日本もなく独立）→　フランス侵略（再植民地）開始　→　ティエンビエンフーの戦いでフランス敗北　→　1954年ベトナム独立（北と南ベトナムとに分かれる）→　1975年南北統一、「ベトナム社会主義共和国」成立

※2023年8月31日にハノイのオペラハウスで、ボー・バン・トオン国家主席夫妻主催による、ベトナム独立78周年記念式典が行われた。つまり、ベトナムでは独立は1945年8月革命の時（同年8月15日、日本降伏直後にベトミンが蜂起し24日にバオダイ皇帝を退位させた）としており、9月2日に「ベトナム民主共和国」樹立が宣言されたのである。

【インドネシア】1600年頃オランダ統治　↓　1941年12月8日「太平洋戦争」開始　↓　1942年3月日本軍がインドネシアからオランダ追放（日本による軍政）　↓　1945年8月日本敗戦　↓　日本敗戦2日後の8月17日スカルノ、ハッタによるインドネシア独立を宣言（この8月17日はインドネシア独立記念日で祝日である）　↓　オランダ再侵略開始　↓　1950年独立

さらにいろいろ調べたら、左記のごとく戦時中（「太平洋戦争」中）に日本が独立させた国々が他にもあることが分かってきた。ベトナム、ラオス、カンボジア、インドネシア以外にも、フィリピン（アメリカ領）：1943年10月独立：大統領ホセ・ラウレル、ビルマ（イギリス領）：1943年8月独立：首相バー・モウ、副首相アウン・サンなどがある。

※インドにも「インド国民軍」を創設、チャンドラ・ボースを首班とする「自由イン

ド仮政府」を樹立。

【フィリピン】１８９８年12月アメリカがスペインからフィリピンの領有権獲得　↓　１９０２年７月アメリカの植民地となる　↓　１９４１年12月８日太平洋戦争開始　↓　翌１９４２年５月日本軍によるアメリカ追放　↓　１９４３年10月フィリピン独立：大統領ホセ・ラウレル　↓　１９４３年11月大東亜会議参加　↓　１９４５年８月日本敗戦（日本軍９月まで抵抗）、アメリカ再統治（日本による独立は取消）による独立促進　↓　１９４６年７月フィリピン独立：大統領マヌエル・ロハス

【ビルマ】１８８６年ビルマ（当時コンバウン朝）イギリスの植民地となる　↓　１９４１年12月８日太平洋戦争開始　↓　翌１９４２年５月日本軍によるイギリス追放　↓　１９４３年８月ビルマ独立：首相バー・モウ、副首相アウン・サン　↓　１９４３年11月大東亜会議参加　↓　１９４５年８月

日本敗戦↓　イギリス再統治　↓　1948年1月ビルマ独立

【中華民国】1842年アヘン戦争によりイギリスに香港、同じく1860年九竜半島割譲、1858年ロシアに沿海州を奪取される。1895年日本へ台湾割譲、続いてフランス（広州湾）、ドイツ（山東省）にも蚕食される。欧米列強に中国内のあちこちに租借地、租界地を設けられる　↓　中国は完全な半植民地に　↓　1940年日本は「日華基本条約」及び1943年1月「日華新協定」を汪兆銘政権（南京政府）と締結（日本の特殊権益撤廃、治外法権撤廃、租界地返還）。ドイツ、イタリアも同様の内容を汪兆銘政権と締結　↓　1943年11月大東亜会議参加（汪兆銘政権）。アメリカ、イギリスは日本と同様の協定を蒋介石政権と締結　↓1945年8月日本敗戦（南京政府消滅、中国は蒋介石が政権を握る）↓　1946年にカナダ、ノルウェー、ベルギーが同じく同様の協定を締結（これで中国から欧米の租借地、租界地が消滅）　↓　半植民地の中華民国から完

全自主独立

※日本の最初の協定等がなかったら、欧米諸国は自主的にこういった内容の協定を締結しただろうか？

【インド】インドに対しても日本は「インド国民軍」を創設、チャンドラ・ボースを首班とする「自由インド仮政府」を樹立（領有地：アンダマン諸島）

結局、この明らかな侵略国（フランス、オランダ）に対し、正義の国々（戦勝国）は適切な対処をしなかった。日本敗戦の翌年、1946年5月から「東京裁判」が始まった。悪の元凶の一つである日本を断罪するためである。フランス、オランダはこの裁判に日本を裁く側として法廷に加わっている。この両国は何故裁かれないのか？　何故、日本を裁く側に回っているのか？　フランスもオランダも一応戦勝国であるからであろう。ついでであるから述べておくが、旧ソ連は「太平洋戦争」が終了しているのにもかかわらず満州国へ侵攻し、60万人もの日本人をシベリアに強制連行し6万人（実際はもっと多いと思われる）を死亡させている。いわゆる「シベリア抑留」である。私の父も抑留された一人である。父が帰国の時に祖母と母が舞鶴まで迎えに行った。このシベリア抑留は止められなかったのか。この一方的な満州国侵略に対し国連は機能しなかったのか。いやできなかったのであろう。こういった明らかに理不尽な違法行為でも止めることができない国連。だとしたら本当に国連という組織・機構に存在意義があるのか。確かに、いちいち会議を招集する手間が省ける程度の価値はあるであろう。安全保障においてその程度の価値しかない組織といえるであろう。

現在の国際連合が〝ロシア・ウクライナ戦争に対して機能しない〟のも当然である。〝設立当初から機能不全に陥っていた〟のだ。

いまの学校では国際連合についてどのように教えているのであろうか？　こんな重要な内容を含む事柄をほとんど教科書等でも記述せず、マスコミも何も伝えず現在に至っている。確かに今更、私がこんなことを書いてほじくり返しても仕方ないかもしれない。しかし、やはり事実はきちっと検証して伝えるべきだと思う。

こういった重大な事実は、私が確認できた限りでは、私以外で知ってる人はいなかった。確かに日本がアジアの国々を独立させた理由はいろいろあるにせよ、我々日本人のおそらく99％はこの事実を知らないであろう。何も全てを知る必要はないが、こういった事実を知ることは重要である。今後生じる様々なことについて正しい判断をするためにも重要である。

こういったことを知れば知る程、我々が聞かされていたことが一方に偏した、あるいは日本が真に果たした役割をぼかして悪い面だけを強調する矛盾だらけのものであることが、私にはよく理解できた。学校もマスコミも、「太平洋戦争」は日本の単なる侵略戦争、アジアに厄災をもたらしただけのものだと言い続けているのである。この部分だけ語られ強調されるのは理不尽であり、多くの判断の間違いの元となる。第一、多くの戦死者に対して酷ではないか。その後の歴史解釈、国連の存在意義等を考える意味においても、〝間違ったものをベースとして判断している〟ことになる。大問題であろう。

かなり長くなったが、こういったことから私は、我々が教わっている近現代史が欧米に有利に日本に不利に、あるいは功績を否定して事実を隠すか誤解を与えるように、工夫?されていると考えるようになったのである。

2　近代史・現代史についての〝誤解〟と〝真実〟

よくよく〝冷静に事象を見れば〟他の部分においても多くの誤解があることが分かってきた。その一例を左に紹介する。是非参考にしていただきたい。特に重要なのが、③の「太平洋戦争」についてである。

①朝鮮の植民地化について

日本は朝鮮を植民地にして無理やり国を奪った。人民を苦しめ、収奪をした。多くの朝鮮人が日本に居住しているのはその証ではないか?

〈私が知り得た真実〉

これに対し私が後に知り得た知識や事実によれば、もともと、朝鮮は独立国の体をなしておらず、中国（当時は清国）の属国であった。日本が朝鮮人民を苦しめたのは事実であろうが、当時の朝鮮は儒教に基づくすさまじい身分制度の下にあり、人民はすでに虐げられていた。また、親分格の中国も朝鮮を苦しめていた。相次ぐ王朝下による属国であり、世界の認識も同じであったといえよう。

日本も収奪していたのは事実であろうが、これもまた、朝鮮は豊かな国でないため日本もかなり持ち出しをしていた。当時の朝鮮は、鉄道は無論のこと整備された道路や街道等もなく、技術もなく発展するための基礎となるものが全くなかった。教育も、実学は軽視され、人材も育つ要素がなかった。そして、日本は植民地に何と大学を設置している（台湾も同様）。

強制的に日本に連れてこられたと思われていた多くの朝鮮の人は、ほとんどが自分の意志で日本に来ており、日本敗戦後の朝鮮独立後も三分の一近くが日本に残った。また、強制的に徴用された者もいたが、法律に基づき実施されており、日当、旅費も支給されていた。

誤解の一番分かりやすい例は、ソウルにある独立門である。あの門は、清国からの朝鮮独立（日清間の下関条約）を記念して当時の朝鮮独立協会が建てたものであるが（1897年完成）、現在の朝鮮のほとんどの人には日本からの独立を記念したものと思われている。

勿論、これらも日本に有利に述べられている面はあるにせよ、こういった主張の方がこれまでの先入観を捨てて、事実に基づいて冷静に考えてみれば信ぴょう性がある（いまの北朝鮮を見れば特にその印象が強められる）。

とにかく私は、「植民地は悪」であるという〝一般論〟で全てを推し量ってきたことに気づかされた。〝事実〟あるいは〝事実と思われるもの〟に基づかない判断をしていた。

② 国連に関して

〈私が知り得た真実〉

第一次世界大戦後に成立した国際連盟で、日本は国際連盟規約の中に「人種差別撤廃条項」を盛り込むように提議したが取り上げられなかった。日本は修正のうえ再度提議したが、結局全会一致でなければとのことで認められなかった。後の検討事項として譲歩したが、それすら取り上げられなかった（この部分は教科書では取り上げていない）。こういった主要欧米の差別意識が大戦の遠因になっているのは間違いない。

この事実は当時の世界の現状を知る上で非常に重要である。当時の先進諸国は、アフリカ辺りから連れてこられた黒人が底辺を支えていた。彼らの犠牲により社会が成り立っていたといえる。こんな重要なことを教えないから真実が見えてこないといえよう。学校では、フランス革命やイギリスの産業革命、アメリカの奴隷解放等を賛美、強調し、自由・平等・民族自決等、〝欧米はすばらしい〟精神を持っているとか、それを体得したのだ、などと教える。ここでいう自由・平等・民族自決は所詮、白人世界のためのものであり、植民地解放等は考えられていない。白人にとって「人種差別」は普通であったのである。

繰り返すがこの部分は不思議と学校で教えない。あるいは印象づけないようさらりと流している。そして、日本にとってこの「人種差別撤廃」提議は誇らしい内容なのに、繰り返すが学校で全くふれない。あるいはあまり意識されないようにされている。
これを含め、日本の近現代史は明らかに〝日本にとって有利な内容や功績につながるものは事実を伝えられていないか、軽く流すように意識されている〟。異常といえよう。授業時間がないということなのか、現代史の部分は（私が見れば意識的に）触れていないように見える。

③「太平洋戦争」について

勃発した背景や経緯等は述べることなく、日本はただただ侵略戦争を開始したという主張？が一般化している。現在のロシア・ウクライナ戦争も同じであり、経緯等は明確にされていない。

〈私が知り得た真実〉
②で述べたように、学校では現代史に触れないようにしているかのように見える。
この戦争により生じたアジア諸国の独立、植民地体制の崩壊、等に全く触れないか

らである。

もちろん、アジア解放はこの戦争の結果が全てとは言わない。しかし、そういったことについて学校で、何といってもマスコミ等で、言及したり取り上げたりした事実を知らない。あったとしても、歴史的な捉え方ではなく、こういう残虐行為があったのだから、アジア解放とはいえない、といった調子だろう。もちろん残虐行為は許されないが、それとアジア解放・独立に日本が貢献したか否か、は別問題である。

唯一あるのは、私に言わせれば「真実を少し取り混ぜた」体のいい視聴者洗脳教育番組である。間違いなく、〝日本の功績につながるもの〟は意識的に避けられている。少し触れたものはあるにせよ、それ以上の弊害を述べることで日本の功績を否定的に見せるように作られている。

さらに言えば、「東京裁判」の真実についても多くの人は知らない。日本の戦後の方向性を示す、極めて重要な裁判なのにもかかわらず、である。何故なのか？　不思議に思えるのは、悪の元凶である日本とドイツを敗戦に追い込んだのに、その後戦争は〝なくなる〟どころか、あちこちで生じている（いた）ことである。しかもその中心に位置しているのは、アメリカ、イギリス、ソ連なのである。むしろ、悪の元凶はアメリカ、イギリス、ソ連ではないのか？　〝あの戦争を正当化している〟のはアメリカ、イギリス、ソ連ではないのか？　いや間違いなくそうなのであろう。

④「南京大虐殺」「従軍慰安婦問題」その他

明らかに説明しづらい部分や疑問点があるのに延々と論争が続いている。間違いなく日本を不利な状況に置いておくための意図を感じる。

因みに簡単に何が論争になっているのかというと、「南京大虐殺」では犠牲者数である。主張されている犠牲者数にはバラツキがあるが中国が主張する30万人は異常であり、大虐殺説を採る人が主張する5万人～十数万人でも明らかに多過ぎるであろう。「従軍慰安婦問題」は軍隊の強制性が問題になっているがそれを裏付ける証拠は見つかっていない。

〈私が知り得た真実〉

20代の時は「南京大虐殺」について、ほとんど疑いなく信じていた。しかし、後々これに対する反論に触れてみると、どう考えても中国等が主張する「南京大虐殺」（犠牲者数）は誇張されていることに気づいた。犠牲者の数値の根拠はなく、ただ一部の残虐行為を取り上げていきなり「大虐殺」に結び付けている。不可解であり、犠牲者の数が多過ぎることは〝常識的に見ても〟分かる。このように、普通に考えても疑問点があるにもかかわらず、教科書に記述されている。

「従軍慰安婦」問題等は、実証派で定評がある秦郁彦氏が、吉田清治氏が書いた強制連行の虚実を暴いた。当事者である慰安婦との個別調査面談でも、記憶違いもあるだろうが、矛盾点が多い。そもそも「従軍慰安婦」という言葉自体、当初からも現在も存在しない。確かに兵隊のための「慰安婦」であるため、軍が関与（注文をつける）するのは当然であるが、軍が直接慰安所を経営していたわけではない（当然「慰安婦」は存在した）。にもかかわらず教科書に掲載されている。教科書作成に携わっている担当者は無知なのであろうか？　いや私個人の意見であるが、とにかく日本を悪く書かざるを得ない何かがあるのだろう。

それともアメリカが裏で糸を引いているのであろうか。国際政治学者の廣瀬陽子氏は、ウクライナ戦争に絡んだ講演で〝ロシアは日本を主権国家と見ていない〟と言われていたが、私も日本はアメリカの一つの州ではないかと思える。まるで、日本が悪くなければいけないようである。

⑤ ロシア・ウクライナ戦争に思う

目の前で2022年2月に始まったあのロシアの公然たるウクライナ侵攻に対して、〝機能不全に陥っている国際連合（正式には連合国）〟を見て、私の違和感に間違いがなかったことを改めて確信した。

このウクライナ侵攻におけるマスコミの報道は、一見妥当のように見えるが、その実、一方的というか、アメリカ寄り（アメリカが善または中心・世界標準？）というか、首をかしげざるを得ないような報道姿勢が垣間見える。

これも前述したように、〝戦勝国によって押し付けられた歴史観、世界観〟が根底にあるからであろう。

ロシアが独立国であるウクライナに侵攻したのであるから、ロシアに責任があり、ウクライナを支援するのは当然としても、「何故そういった事態になったのか」という〝一番肝心な事由〟についてはほとんど言及しない。あの「太平洋戦争」を語る時と同じだ。「何故戦争になったのか」ということを差し置き、とにかく〝表面的な事由や目の前の現象〟を示しながら〝ロシアが悪い（日本が悪い）〟というふうに誘導していく。ロシアが悪いのは当然である。残虐行為も行われているのであろう。しかし、アメリカが起こした、あるいは主導した戦争について、マスコミはほとんど批判しない。あるいは触れない。最初から〝アメリカのすることは正しい〟ということが前提になっているかのようだ。いや、日本に限れば、アメリカの属国（一つの州？）であるから何も言えないのであろう。そして、ロシアについては、まるでここぞとばかりに事細かに〝悪のロシア〟をことさら強調するような報道なのである。

10月11日に「G７緊急首脳会議」が開催されたが、戦争終結に向けた具体的な提案はなく、ここでもただロシアを非難するだけだったといえよう。G７は何もしないのかという批判を避けたかったに違いない。結局、国連もG7も何の役にも立たない。読者はすでにお分かりであろう。国連は設立当初から機能していないのである。

因みに何故、多くの国（特にアフリカ諸国）がロシアに対する国連の非難決議（賛成141、反対5、棄権40）に賛同しないのか、理解しがたいのではないか。それは、我々は、米英、G7の言っていることが世界の趨勢であり、世界の意見であると思わせるような国、世界、時代に身を置いているからである。

さらに、アフリカ連合（AU）加盟国55ケ国のうち「被害国ウクライナ」に加担する国はほとんどいない。6月20日にウクライナのゼレンスキー大統領はアフリカ諸国とビデオ会議を開いたが、参加したのは4ケ国（セネガル、コートジボワール、リビア、コンゴ）に過ぎなかった。日本のマスコミは、まるで全世界がロシアを批判し、ウクライナを支援しているかのような印象を与える伝え方をしているが、実のところ、人口比でいえば欧州を含め地球人口の15％に過ぎないのである。

3 「太平洋戦争」（大東亜戦争）へ

1節と2節では、アジア独立の時期についての疑問をきっかけとして、他の近代史・現代史のテーマについても疑問が湧き上がり、歴史への認識を深めていった経緯を述べてきた。そして、特に「太平洋戦争」の捉え方が近現代史の認識を大きく左右することについて述べた。

何故、「太平洋戦争」の歴史的意味付けが重要なのか。それは次の2点にまとめることができる。

1　これ程間違った伝え方をされ、また誤解されている（またはさせている）戦争はないからである。

2　この戦争の意味付けによって世界史における現代史の歴史観（正・邪）が変わるからである。

1と2は相互に関連している。歴史的意味が十分に理解されていないのは、間違った伝え方が繰り返されてきたからである。そのため、「太平洋戦争」の意味を正確に理解することで、その間違った伝え方が繰り返される理由にも気づくことになる。

では、「太平洋戦争」の歴史的意味とは何か。このことを考えるには、かの戦争が〝有色人種による戦争〟であったことに意識を向ける必要がある。

あの「日露戦争」は近代において初めて〝有色人種が白色人種を破った戦争〟であるが、この「太平洋戦争」は近代において初めて（わずか4年足らずであり、国・地域も限定されるが）〝有色人種が白色人種の支配国・地域を解放してその国・地域を支配し一大帝国を築いた歴史的な戦争〟であった。また、史上初めて〝有色人種による国際会議〟、いわゆる「大東亜会議」が東京で開催された。

これは歴史的大事件といえよう。この戦争により、世界は新たな段階を迎えたのである。これまで抑圧され収奪され続けた有色人種が、ついに世界にその一員として加わることになったのである。この事実は大き過ぎる程大きい。そして、この戦争が歴史的に意味する内容があまりにも大き過ぎるため、またあまりにも白色人種のプライドを傷つけることとなったため、この「大事実を軽く見えるように」「大事実に意識が向かないように」「日本の功績に目がいかないように」「戦勝国の罪を見えないように隠すために」、戦勝国が事実を捻じ曲げざるを得なくなったのではないか。

それだけではない。この戦争は〝人種差別解放的要素を持った戦争〟だったといえる。近代において有色人種が白色人種を初めて破った戦争である「日露戦争」はそのようなことを考える余裕はなくただ勝利に向け邁進した戦争であったが、この「太平洋戦争」の時点では世界は白人のためにあるということを冷静に見ることができた。国際連盟において日本は「人種差別撤廃条約」を提案したが退けられ保留扱いにもならなかった。その後においてもアメリカの移民法（通称排日移民法）の制定があり、アジア人は締め出された。戦時中の１９４３年11月の大東亜会議はまさに人種差別撤廃そのものの会議といえよう。建前であろうと、本音は別のところにあろうと、そういう要素を持った史上初めての戦争だったといえる。〝有色人種が白色人種を破った〟

「日露戦争」はそういう要素は含んではいなかった。結果的にそう見えるだけである。しかし、「太平洋戦争」は勃発に至るまでの経緯においても、また戦争中においても、そういう要素を多分に含んでいた。

ここでもう一つ例を示す。黒人運動家ロバート・ジョルダンは真珠湾奇襲のニュースを聞くと「この戦争で日本が勝利し黄色人種が世界を支配すれば、人種差別がなくなる」と受け止めた。そしてジョルダンはハーレムで演説した。『……この戦争は日本が勝ち、日本が米国の黒人を解放し、さらにさらにアジアやアフリカから白色人種を追放するであろう。私は日本のためなら無償で働くが、米国のためには戦わない。白人の時代は終わった。12月8日は10億の有色人種の解放の日である』(『日露戦争が変えた世界史「サムライ」日本の一世紀』平間洋一　芙蓉書房出版)

ドイツを中心とした「ヨーロッパの戦い」は、いわゆる列強どうしの力と力の帝国主義戦争であるが、アジアを中心とする「太平洋戦争」は、人種差別解放戦争、植民地解放戦争という要素を含んだ歴史的・画期的な戦争だったのである。だからこそ、欧米戦勝国はこの点については特に意識的に軽視、無視し闇に葬り去ろうとしているのではないか。邪悪な日本がアジアを侵略しただけのこと、つまり単なる「日本侵略説」にとどめておきたいのであろう。

そして、この戦争の意味付けを戦勝国の都合のいいようにすることにより、これまでの欧米（特に戦勝国）の犯してきた行い（アフリカ・アジアの分割と植民地化、それらの地域の人たちの奴隷化、搾取、収奪、人種差別等）を覆い隠し、帳消しにしようとしたのである。そういったことを明確にせずして、覆い隠したままで真の平和は来るはずがない。

4　「日本侵略説」からの脱却

このような事実を指摘するのは、日本の侵略行為を正当化することとは違う。むしろ、あの戦争や戦争に至るまでの行為を正当化あるいは覆い隠そうとしているのは戦勝国側の欧米ではないのか？　これが普通の解釈であろうと思う。

そして、戦勝国の論理は日本の学者の間にも浸透している。詳しくは第四章にて対談形式で紹介するが、彼らは立場上、この「太平洋戦争」（大東亜戦争）が世界史的にどういう影響を与えたのか――「アジア解放」だったのか、「単なる侵略戦争」だったのか？――自身の考えを明確に述べようとしない（できない）のである。当然、著名な先生がそういったことに対し述べたり言及していないからといって、私の主張が間違っているということにはならない。

現在、「太平洋戦争」に対する一般的な捉え方・見方は「日本侵略論」「日本侵略説」になっている。すでに述べたように、この捉え方は、正しいか、間違っているかは別として、（特に）アメリカ、イギリスを中心とする戦勝国があと付けで作り上げた解釈、論理であった。戦後に著名になった学者たちの多くはこの流れに追従したのである。戦前の歴史学者はGHQによって追放されたため、彼らが戦後の日本学会を牛耳ることとなった。加えて、日本教職員組合による教育界の一種の国民洗脳教育が行われ、さらにラジオ番組『真相箱』（真実はこうだと日本悪玉論に大いに影響を与えた）に見られるように、マスコミもそういったものに追従することになった。

何故、学者や教師、マスコミが戦勝国に追従したのか。戦前の一部のマスコミ、学者、政治家は、いわゆる弾圧によって牢獄につながれたりしていた。戦後、彼らはついに解放されることとなった。GHQは、共産主義者や社会主義者を含む政治犯・思想犯を世に放つこととなったのである。彼らに共通している本質は、とにかく〝これまでの日本を否定する〟ということであった。そうしなければ日本を「社会主義国家、共産主義国家」にすることができないからである。日本を否定し破壊したいという部分に関してはGHQと思惑が一致していたのである。「太平洋戦争」については間違っても「アジア解放戦争」に結び付けることなど許されなかったのである。

GHQは、日本が何故アジアいや有色人種の中で傑出した国になれたのかよく分からなかった。日本復活を恐れるGHQは、とにかく日本の制度や行動を全て否定し破壊する必要があった。国家神道の否定もその一つである。そのため、現在の「日本侵略論」「日本侵略説」を唱えるのが必然であった

こうした背景に気づかなかった学者たちは、当時のソ連や新生中国を賛美し、日本以上の悪の欧米諸国を結果的に弁護することになってしまったのである。こうして、日本人が日本を悪者にし、結果として欧米を弁護するという異常な状態が生まれたので

ある。

以上、私が「太平洋戦争」の〝真実〟に意識を向けるようになった経緯を説明してきた。しかし、ここで長々と一方的に自身の主張を述べるだけでは今少し不十分と思われるので、個々の質問形式のような形で、私がこのような主張をするようになった理由を第三章でさらに説明させていただきたい。

第三章　「太平洋戦争」（大東亜戦争）をめぐる歪んだ捉え方への疑問

前章までで、私が何故「太平洋戦争」の意味にこだわるのか理解いただけたと思う。私は決して「太平洋戦争」を〝正当化〟しようとしているのではない。歴史的に見て、この戦争が誤った見方や軽い捉え方をされている（押し付けられている）状況を問題視しているのである。

本章では、質問形式で論点を整理してみたいと思う。

1　時代背景を考慮した〝戦争〟の捉え方

〝太平洋戦争は単なる侵略戦争ではなかった〟などと言うと、次のような反応をされることが多い。

「まだあの戦争を反省していないのか」

「軍国主義を復活させたいのか」

「戦争を美化するのか」

「人の家（領土）へ土足で上がって、他国へ侵略して何か正当な理由があるのか。検討の余地なし！」

「暴力は何が何でもダメだろう。読む必要がない」

「戦争をすることは何が何でもよくないだろう。それに弁明する余地があるのか」

「戦争をやって反省しないどころか正当化しようとするのか」

「何故、戦争を美化するのか」


とにかく、こういった理由で、本書のような本は〝読まないで否定〟される。また、一顧だにされない。勿論、こうした意見はそれ自体は間違っていない。ましてやそれを否定はしない。しかし、よく読めば〝問題にしている視点〟が違うと分かっていただけると思う。本書は「戦争」「暴力」それ自体について再評価しているのではない。あくまで「太平洋戦争（大東亜戦争）」がもたらした歴史的な意義、影響、事実、事象について検討し意見を述べているのである。


つまり、次のような点について再検討しようとしているのである。

「何故戦争になったのか？」

「戦争に至るまでの経緯は、動機は？」

「それは、本当に（アジアに、周辺国に）邪悪なもの以外に何ももたらさなかったのか？」

「日本のみの邪悪な心が原因なのか？」

「日本のみを断罪することが本当に世界の将来、未来につながるのか（それを問うことにより日本を正当化しようということではない）」

等を問うているのである。

「通常の裁判」でも、弁護人は殺人者に対して「殺人の動機、理由、経緯」等を問い、正当な判決を下すことを願うだろうし、それが通常の取るべき態度であろう。「殺人は何が何でも許されることではない。だから殺人者に対し動機、経緯等について原因追究や斟酌する必要はない」などと言う人は少ないであろう。ましてや真実を追究しようとする人に「君は殺人を正当化しようとしているのか」などと言う人は少ないと思う。本書の「太平洋戦争」についての態度もそれと全く同じである。

2　本書の態度

①太平洋戦争は、日本のみが侵略国であり、加害国であるとされることが一般的である。
――何故なのか明確な理由をきいたことがない。

確かに日本は他国へ進攻した。それは否定しない。しかし、どう考えても一方的な〝日本のみ侵略者論、加害者論〟に納得がいかない。日本が善と言っているのではない。他国に進攻したということが理由であるならば、日本のみでなく、アメリカ、イギリス、オーストラリア、オランダ、そしてソ連もそうであろう。しかも、彼らは日本が進攻する前に、すでに他国に侵攻していたではないか。太平洋戦争もそういったことが大きな一因になっている。それらの国々は何故批判されないのか、何故しないのか。それらの国に対しても批判や批評すべきであろう。また、罪を問い、罰を与えるべきであろう。それは日本を正当化するためではない。その戦争等の原因が日本のみでないということである。そうしなければ、〝真の世界の近現代の姿〟が見えてこないではないか。それが「太平洋戦争」以降もなくならなかった戦争・紛争につながっているのである。にもかかわらず、〝一方的な日本悪玉説、日本のみ侵略論〟に対して、理由はよく分からないが、堂々と反論を述べられないのが現状である。

②日本侵略否定説や日本擁護論を述べると必ず「お前はあの戦争を正当化するのか」と言われる。

——しかし、このように言う人で私の反論にまともに答えた人はいない。

事実や真実を追究しようとすることが何故、正当化していることになるのか？　戦勝国（アメリカ、イギリス等）の批判をすると「日本の正当化」となり、日本を擁護するとこれまた「日本の正当化」となる。不思議な国である。屁理屈ではなく普通に擁護してもである。そのため、著名な近現代史の学者や教師はこの部分については論点や結論をぼかしている。

つまり、この「正当化するのか」という言葉によって、言論が封じ込められ、あの戦争が持つ歴史的意味合いについて議論が避けられたままになっているのである。そのために、戦後体制の真の姿、真実が見えなくなっているのである。

③何故、日本が悪で、アメリカ、イギリス等が正義なのか？

――その理由を聞いたことがない。気がつけばそれが定着していた。

あの戦争は日本において200万人以上の犠牲者を出した忌まわしい戦争であり、戦域となった東南アジア、南太平洋等でも多くの人が犠牲になった戦争である。戦後70年以上が過ぎても、思い出したくもない人も多くいるであろう。それでも、勇気を出して、あの戦争は実際はどうだったのか、何ももたらさなかったのか、日本だけがアジアに厄災をもたらしたのか、また厄災だけをもたらしたのか、日本のみを悪者とする見方が正しいのか、検証すべきであろう。

日本が戦争を起こしたからだ、と言われるが、単純に考えても、日本が進攻したそのアジア地域に何故〝現地人以外の白人〟がいるのか疑問が浮かぶはずである。言うまでもなく、そこを支配していたからである。その支配者と日本との戦いにより、多くの人が犠牲になったのだ。当然、その痛ましい犠牲は〝日本と支配者〟が負うものであろう。何故、アメリカやイギリスには責任がないのか？　その理由は？　とにかく先になぐった方が悪いのだとでも言うつもりか。そのことの事由、背景に関係なく「先に手を出したか出さなかったか」のみで全てを判断するというのか。そして世界史的に見て、歴史的に見てどうなのかと問わなくていいのか？と問いたい。

繰り返すが何故日本（ドイツ）のみが侵略国で悪なのか、アメリカ、イギリスやソ連等は何故そうでないのか、成程という理由を私はただの一度も聞いたことがない。

※いまのところ、正、悪とされる根拠理由は実に簡単で〝戦争に勝ったか負けたか〟であり、何ら考える必要がない程、〝明白〟だからであろう。専門家の意見など必要としないからである。

繰り返すが、これを問うことが何故〝あの戦争の正当化〟につながるのか？

真実を追究することが、真実に近づこうとすることが何故〝正当化〟につながるのか？

単純に捉えてもあの戦争による厄災は日本だけがもたらしたものではない。戦争は双方が入り混じって戦うのであり日本の砲弾だけで爆弾だけで、行いだけで周りに厄災を与えるものではない。いくら何でも、何の意味もなく多くの武器を用いて、何万という兵を用いて、罪もない平和に暮らしていた人々を一方的に蹂躙することなどあろうはずがないではないか。

ただし、はっきり言わせてもらうが欧米列強は全てではないにせよ、一方的な侵略を行いアジア、アフリカに多くの植民地を得、多数の奴隷を生み出した事実はある。そのため、何と当時アジア、アフリカ（この大陸は分割が開始されてからわずか二十年の間に完全に分割された）において日本とタイ国以外に独立国がなかった。その欧米一色の世界が、この太平洋戦争により一変することとなる。（戦中）戦後に続々と多くの独立国を生むこととなる。これはたまたまそうなったのか？　偶然、各国が同じ時期に独立したというのか。特にこのアジアや後にアフリカに多くの独立国が誕生した事実。本書によりその点についても明らかにしたい。

このアジア諸国独立に日本の果たした役割は、私はものすごく大きいと考える。いや決定打に違いない。こういったことに言及しなければ、何回も繰り返すが日本もアジアも世界も真の平和の道を歩むことはできない。日韓がもめるのはこういったことも根底にある。また、安全保障において国連が機能しないのもこれが大きな一因である。つまり、間違ったものの上にものを積んでいるからである。そのひずみを覆い隠すためにまた嘘で塗り固められることになるからである。繰り返すが、戦後に生じた戦争、紛争は〝世界の秩序がこういった間違ったものの上に積み上げられた〟ものであるからである。あの太平洋戦争や、第二次世界大戦が何故生じたかということに対する原因、分析、反省、歴史的意味付けが、〝戦勝国によって一方的に〟なされ、価値づけられたからである。

④よく日本はドイツ、イタリアと同じ軍国主義国家（ファシズム国家）であると言わ

れる。

――実際は普通の国であった（ソ連は完全なファシズム国家である）。

あの戦争が生起した原因の一つは、悪の国とされる日本、ドイツ、イタリアが「ファシズム国家」であったからだと言われる。つまり、アメリカ、イギリスは民主主義国家であったため戦争を生起させるような要素がない、と教えられる。世界の自由を守るために戦ったと教えられる。またはそのような印象を持たせるような教え方をしている。

しかし、南米を独占していたアメリカ、世界最大の植民地国家イギリス、ナチスドイツ顔負けのファシズム国家のソ連。この国のどこに正義があるというのか。

社会主義者や共産主義者は、戦死した多くの国民は〝日本軍国主義の犠牲者〟だったと、尤もらしく言いつくろう。確かにそういうほんの一面はある。しかし、日本はドイツやイタリアと違い、ある政党が大衆を扇動し指導したファシズム国家ではない。確かに軍部がこういった事態をもたらした一端はある。ただ軍部が、日本そのものをリードし導いたわけではない。「日本軍部党」という政党があったわけではない。ドイツのナチス党やイタリアのファシスト党とは違うのである。その当時の新興国として、〝日本としての歩み方〟をしたに過ぎない。この〝軍国主義による犠牲者説〟も、戦勝国によってそういう見方をするように扇動され、押し付けられたに過ぎない。決して日本人の犠牲は一部の者や軍部により〝侵略者〟の片棒を担がされた結果ではない。日清戦争、日露戦争等の大国との戦いを経て、日本がその独立を確保し、そしてさらに日本の発展の礎となったのである。最後は敗れたとはいえ日本の理念を東アジア、ひいては世界に示そうとしたのである。

このままでは、日本及び日本人の犠牲者は侵略者の濡れ衣を着せられたままといえよう。もちろん、本書は日本人犠牲者の問題について、世界史の一部（太平洋戦争を中心とするもの）でしか示すことができない。つまり、「太平洋戦争」（大東亜戦争）の歴史的な意味合い、欧米中心の見方から角度を変えた捉え方をする方法により、それを示すことになる。間違いなく「現在の世界は誤った（少なくとも偏った、米英中心の）歴史観」の上に成り立っていることが理解できると思うからである。

⑤本書のような主張が正しいのなら、学校でもそう教え、学者もそのように主張するだろう。何故本書のような主張が一般的でないのか？　何故、学校でそのように教えないのか？

この点については、第二章で述べているが、非常に重要なことなので再度述べさせていただきたい。

本書のような主張が一般化しないのは、日本が最終決戦といえる戦い「太平洋戦争」に敗戦したことに原因がある。そしてその結果、占領国（戦勝国）アメリカにより、「侵略戦争」に駆り立てた軍国主義を日本から一掃するために「公職追放令」がなされた（また、ただ単に軍国主義を一掃するためでなく、何故日本だけが有色人種の中で、欧米に対抗できる国になれたのかその理由が見出せないために、とにかく日本の伝統的なものやそれらしきものを破壊することにしたのである。「国家神道」なるものを消滅させたのもその一つであろう）。これまで歴史（皇国史観）を教えていた先生方、教授方は学問界から一掃された。そのため、そこに空白が生じた。その空白を埋めるために、いままで「危険思想」とされ追放されていた「社会主義思想や共産主義思想を持つ者」がその職に就くこととなった。さらに、アメリカは「学術会議」なるものを日本に設けさせた。欧米に合わせたのであろう。それにより、日本に民主主義を植え付けようとしたのであろうが、本音は学問界を通じた日本の弱体化、洗脳化であろう。当然、その「学術会議」なるものは社会主義者や共産主義者が牛耳ることになる。現在も基本的には同じである。それを分かっていて何故、自由主義国であるアメリカはそれを防ぐことをしなかったのかはよく分からない。アメリカ自身も社会主義思想に魅力を感じていたのだろう。それと、日本が弱体化すれば事足りたのであろうか。社会主義者や共産主義者は日本を社会主義国家や共産主義国家にするために、まず、「過去の日本を否定」することが必要であった。素晴らしい日本、ましてアジア解放国日本であるならば、社会主義国家や共産主義国家にする必要がないからである。戦勝国アメリカも日本という国の根幹を潰したかった。日本を根なし草国にしたかった。つまり、アメリカも日本の共産主義者や社会主義者も〝日本を否定したいというその点においては同じ〟だったのである。

さすれば当然、あの「太平洋戦争」について「聖戦」「アジア解放戦争」等ということは、その事実、中身に関係なく否定されることになるのは当然だったのである。現在でも学会は基本的には変わらない。左翼系が握ったままである。しかも、「学術会議」は学会では大きな影響力がある。私はいまでもアメリカが裏で関わっていると思う。

では何故、この状況が現在まで変わらないのか。その答えは、いまでも〝学会は基本的には左翼系の学者が牛耳っている〟からである。では、それにしても戦後70年経っても何故、そのままなのか？　それは誰でも出世したいはず、教授の肩書が欲しいはずだからである。そのためには、「数学や物理学等は中身の理論の正しさ」が勝負であるが、歴史、特に近代史、現代史のようなものは「その主張する内容や主旨等の正しさではなく、上司や学会に認めてもらわなければ上部に行けない」からである。上部が望むような内容や主旨を述べなければ、その世界では主流派にはなれないのである。

因みに、学術会議のメンバーになることは学者にとって名誉であろう。そのためにも、

（社会主義者や共産主義者が牛耳っている）上部や学会が望むような内容や主旨を述べなければ、主張しなければならない。教科書問題も基本は同じ構図であろう。

私は読者に、こう言いたい。特にこの「太平洋戦争」における「意義や影響」といったことに関しては、学者や教授が何を述べようが、述べまいが、自分自身で考え判断されることを望む。

第四章　専門家に問う
「太平洋戦争は侵略戦争か？　解放戦争か？」

本章では、〝「太平洋戦争」は侵略戦争か解放戦争か〟という問題について、著名な専門家数人が行った対談を紹介しながら、それに論評を加える形で本書の立場を述べていく。

まず、この問題をめぐる見解を整理しておきたい。

1 「太平洋戦争」（大東亜戦争）をめぐる問題の構造

〝「太平洋戦争」は侵略戦争か解放戦争か〟についての議論は、左記の二つの見解に集約される。

①日本は1941年12月8日にアジアに侵略を開始した（アジア侵略説）

そして、アジア（日本が戦争中に占領統治した地域）は日本の支配下（軍政下）に入り、圧制によって辛酸をなめることとなった。しかし、4年弱に及んだ戦いの後、正義を標榜する国・民主主義の国である米英等により、悪の日本は敗戦に追い込まれアジアは解放された。

この見解によれば、日本は単なる侵略者であり、どういうわけか、それまで支配していた欧米列強に対しては全く触れられない。この見解が一般的な通説だと言える。

②日本は1941年12月8日にアジアに進攻を開始した（アジア解放説）
開戦初期の日本の猛攻により、すでにアジア（日本が戦争中に占領統治した地域）を植民地支配していた欧米列強（米・英・蘭・豪）は追放され、その植民地統治機構は粉砕された。しかし、4年弱に及ぶ戦いの末、日本が敗戦したため、欧米列強は一時的に空白となったアジア諸地域を元の状態（植民地支配）に戻そうとした。ところが、独立意識と武器を手にした激しい抵抗により、もはや元の状態に戻すことができず、アジアに悲願の独立解放がもたらされた。

この見解によれば、日本は（たとえ結果的であるにせよ）解放者であり、少なくとも解放をもたらした大功労者である。この見解は歴史修正主義と言われ始めている。

この見解①と見解②は、たくさんの見解を分類したものではなく、限られた数の記述からその論理構造を析出したものである。このこと自体に問題の一端がある。

〝「太平洋戦争」（大東亜戦争）は侵略戦争だったのか？　アジア解放戦争だったのか？〟というテーマはとても重要であり、結局のところ日本の近現代史はこれが全てである。そこで私がつくづく不思議に思うのは、このテーマについて真剣に取り組んだ書籍や論評が極めて少ないことである。私が知る限り、〝日本の進攻がなくても独立がなされたか否か〟ということについて、〝具体的な事由〟を述べた論評は皆無である。日本の進攻の動機や、その過程で行われた個々の残虐行為等を述べ、論点をぼかしているものが多い。

しかし、歴史というのは、行為や事象によって何がもたらされたのか、どういう影響を与えたのか、ということを明確にすることだと思う。動機といったものは歴史の分析や複雑な事件を紐解くためには必要であるが、歴史そのものではない。〝もたらされた事実が歴史〟なのである。

しかし、肝心の歴史学者や近現代史の専門家でさえ、このテーマには3、4行触れる程度なのである。

何故なのか。その理由は、次のA、B、Cのいずれかであろうと思う。

A：侵略に決まっているからであり、論評の必要性がないからである。

（しかし、テーマ自体の重要性を考えれば、全く論評されないのは不自然である。たとえ論外のことだとしても、ある程度の根拠を示して「論評の必要なし」とすれば済むはずである。したがって、次の場合の方が可能性が高い）

B：専門家は論評したくないのである（いやできないのであろう）。

（それは、侵略説を採るにしても解放説を採るにしても、問題があるからである。この問題とは、どう解釈しても見解②の結論〈日本はアジアの解放者〉を導いてしまうことである。確かに日本は他国に土足で上がり多少なりとも暴虐を働いた事実は否定できない。そして、その行動を拾い集め、それを記述すれば日本侵略説をそれなりに説明できるかもしれない。日本軍の動機に触れ、それをしないのは、〝拾い集めの日本侵略論〟または〝動機論中心の日本侵略らしき論〟を述べることになり、学者としての矜持が許さないからであろう。ためらいがあるのであろう。何故なら、侵略論を述べると学者としての資質が問われ、解放論を述べると軍国主義者（または歴史修正主義者）呼ばわりされるからである）

C：東京裁判により、またGHQ占領政策により、見解①の結論（日本はアジア侵略者）に固定されている。

（問答無用なのである。そうしなければ、正義の国アメリカ、民主主義の防衛者アメリカという歴史的意味付けが崩れてしまうからである。国際連合を中心とする戦後の世界はこれをベースとして成り立っているのである。見解②を主張しようものなら、ア

メリカからは「歴史修正主義者」としてレッテルを貼られ、日本からは「軍国主義者」としてレッテルを貼られることになろう）

このように、近現代史家や著名な学者が「太平洋戦争」について述べる場合、見解①と見解②の〝どちらの結論であっても差し支えがある〟のである。これが「太平洋戦争」の歴史的意味付けを考える際に我々が直面している問題の構造である。

2　「侵略か？　解放か？」著名な先生方の対談

では実際に、この問題について著名な先生方はどう述べているのか、それを紹介したい。これによって近現代史の著名な先生方のこの問題に対する姿勢が顕著にうかがえる。明らかに、動機論しか述べないか、言及を避けようとしているのが分かると思う。

紹介するのは『昭和史の論点』（前出）に掲載された坂本多加雄氏、秦郁彦氏、半藤一利氏、保阪正康氏の4名による対談である。

ここで少し参考になるか分からないが各先生についてそれとなく述べてみよう。

秦郁彦氏（東大卒：法学博士、専門近現代史・軍事史）であるが、かの吉田清治の、戦時中済州島において日本軍により慰安婦の強制連行が行われたとする「吉田証言」の虚構を暴いた人物である。彼の著書には社会正義のようなものが垣間見える。また（当然であるが彼は特に）俗説は許さない姿勢、強引な引用や主張はなく、安易な妥協もなく事実・実証に基づく姿勢が貫かれている。東條英機に対する姿勢も厳しい。真に実証派といえる。しかし、硬いように見えるが、『実録第二次世界大戦』（桃源選書）の中の〝第二次大戦のエースたち〟についての記述等を見ると、内容は各国のエース記録のコレクションのようで史実らしくない。こういった側面もありほっとさせられる。しかし、私が一番知りたいこの〝「太平洋戦争」の歴史的な意味付け〟についてはやはり述べていない。一番答えてほしい人だったが。

半藤一利氏（東大卒：戦史研究家・作家、特に昭和史）はこの中では一番知られていると思われる。初出版はあの『日本のいちばん長い日　運命の八月十五日』（文藝春秋新社）で、その作家として、また歴史研究家としての力量の崇高さを遺憾なく発揮している。以前『文藝春秋』の編集長もされており、『B面昭和史　1926－1945』（平凡社）に目を通すと単に軍事、歴史面のみでなく当時の世相も記述されており見識の広さを感じる。B面という表現自体にセンスの鋭さが垣間見える。秦氏とも交流があり共著も多い。いい加減な面、曖昧なままといった姿勢は許さない秦氏と相通ずるものを感じる。これだけの見識者が本章において「動機論」しか述べていないのは残念である。

※ここでいう

「動機論」：どういう意図・本音を持ってことに臨んだかという意味である。歴史を知る上で参考になっても、所詮歴史的事実ではない。

「結果論」：そのことにより結果的にどうなったかということである。歴史というのは普通このもたらされた「結果」で示されるものである。

保阪正康氏（同志社大卒：作家・評論家）も前2者と親交がある。本章における発言内容は半藤氏と似ている。朝日新聞社の子会社の朝日ソノラマ出版で編集に携わっていたせいか本章においては日本に批判的な「動機論」を感じる。他の章でもとにかく日本の功績について肯定的に見ようとしない姿勢が見える（半藤氏の発言は軍国主義者と思われないために意識して述べているように感じる）。

坂本多加雄氏（東大卒：政治学者）。残念ながら私は坂本氏の著作を読んだことはなく本書で初めて知った。秦氏や半藤氏と対談するぐらいだからかなりの力量があることは分かる。坂本氏には名越二荒之助や中西輝政他計5名との共著『語り伝えたい美しい日本の建国』（明成社）がある。名越氏の著作なんかは「太平洋戦争」のもたらしたいい面ばかりを述べておりうれしい限りだ。中西氏も基本的には同じ内容の著作が多い。つまりこういった方と共著されているということは、この「太平洋戦争」の歴史的意義については内心では評価されているのではないか。本章においては〝かなり苦労され慎重に〞述べておられるように思える。他の章でも日本の所業を肯定的に見られているようである。

さて本書の178頁～185頁に、「大東亜共栄圏─「解放戦争」か「侵略戦争」

か」をめぐる論評がある。

以下では、できるだけ本文をそのまま紹介し、この内容について私なりに論評したいと思う。（『　』内の文章が書籍の本文）

対談は、政治学者の坂本多加雄氏が全体的な概要を述べるところから始まる。

『ここでは「大東亜共栄圏」がアジアの解放だったのか。それとも侵略にすぎなかったのかを論じるわけですが、これは一般化すると、現実政治における思想・イデオロギーの役割を考えることです。（中略）第一次近衛内閣が出した声明にあたる「東亜新秩序」です。（中略）国民政府の汪兆銘を呼び出し、親日政権を作らせて、これからは日・満・支が連携して東アジアの新しい秩序を作っていくんだと宣言したものです。（中略）さらに気運は高まり外務大臣の松岡洋右が、日本の南進も視野に入れて（中略）「大東亜共栄圏」という言葉を使ったとされています。（中略）京都学派と呼ばれた人たち（中略）座談会を行い、昭和十八年のはじめに『世界的立場と日本』として刊行される。（中略）東アジアが日本を中心に新しい秩序でまとまることには世界史的な意味がある。（中略）ところが開戦の詔勅では、この戦争は日本の「自存自衛」が動機であるとされ、それから数日してから大東亜共栄圏の建設が目的の中に入ってきたのです。（中略）重光葵が外務大臣になってから、外務省は大東亜共栄圏という思想をもう少し真面目に考え、それに沿った施策をやるべしと主張するのですが、軍・統帥部は、戦争の方が大事で（中略）戦争に差し障ると反対します。ただ、東條首相は意外と真面目に大東亜共栄圏の理念を実現しようとしていました。これは昭和天皇の意を受けてそうなったと言われています。東條の構想は昭和十八年ごろ本格化し、まずビルマとフィリピンの独立を認め、十一月には大東亜共栄圏の諸国・諸地域の代表を東京に集めた大東亜会議が開催され「大東亜共同宣言」が出されます。この宣言をかいつまむと、まず地域の共存、それから互恵的経済連携、さらに人種平等（中略）閉ざされたブロックではなく、万邦友好を目指した開かれた地域フォーラムだということが謳われている。これで、昭和十六年八月にアメリカ、イギリスが出した「大西洋憲章」に対抗した日本の思想上の戦争目的が掲げられた（中略）たしかに二つの宣言は似てるんです。各国の自主独立や国際友好など（中略）新しい国際思想の流れを受け継いでいる。しかし、昭和十九年になると戦局が悪化し、日本軍の、現地の政府や人びとへの要求も過酷になっていき、大東亜共栄圏の理想に反する面が大きくなっていきます。（中略）さて、話をもとの、大東亜共栄圏を掲げて行った戦争、はたしてこれは解放なのか、侵略なのかに戻りますと、動機からすれば基本的には自存自衛であり、アジアの解放のために戦争をしたとは言えません。ただ、だから侵略だという断言も私は保留したい。なぜかというと、歴史の中で解放戦争と称して戦争を行った国はたくさんありますが、動機が純粋な解放だけだった戦争など皆無だからです。大東亜会議にしても単なる政治ショウだったかといえば、決してそうではなく（中略）。解放かさもなくば侵略かと、一面的に割り切るのではなく、多面的な論議をしなくては、大東亜共栄圏の意味は理解できないと思います』

（これに対する私見）

冒頭とはいえ、予想通り「侵略」か「解放」かについては結局述べていない。確かに様々な観点から見ることは必要であるが、私にはそう述べることによって結論（直接的な論評）を避けているように見える。しかし、どう見ても坂本氏のこの説明は「太平洋戦争（大東亜戦争）」は〝解放戦争〟となった面が大きいと述べているように見える。その理由は『……動機が純粋な解放だけだった戦争など皆無だからです。大東亜会議にしても単なる政治ショウだったかといえば、決してそうではなく……』と述べておられるからである。

では、他の参加者の話も聞いてみよう。

歴史学者の秦郁彦氏は述べる。

『つまり、動機が大事なのか、結果が大事なのかということですが、結果論の代表としては、終戦の翌日の『朝日新聞』社説をあげることができますね。（中略）まず型どおりの責任を認めた上で、しかし、唯一の慰めはアジアの諸民族が解放されたことであると述べている。（中略）戦後、欧米の宗主国は再び植民地支配を復活させようと戻ってきますが、結局、追い返され、アジアの国々は独立をたしかなものにします。その結果論を振りかざして、解放戦争を言う人たちがいる一方、日本は対米英戦争を遂行するために（中略）進出したにすぎないという動機を強調し、独立という結果は日本の意図するところではなく現地の人たちが頑張ったからだという動機論があります』

（これに対する私見）

秦氏はご存知の通り、吉田清治なる者が、自身が日本軍の慰安婦にするために若い朝鮮人の女性を強制連行したとする〝証言等〟を〝嘘〟と暴いた、まさに実証派の近現代史家である。そのような秦氏がこの問題についてどう述べるのか意識して目を通すと、正直、結論をぼかしておられるような評である。秦氏はあの戦争は「解放戦争」のような面もあるといい、いや現地の人がガンバッタからだとも述べており、じゃあ自身はどういう考えなのか、である。

ただ、朝日新聞の社説を出してきておられるところを見ると、秦氏自身は日本がアジアの解放に大いに貢献したということを間接的に述べているように思える。特に『欧米の宗主国は再び植民地支配を復活させようと戻ってきますが、結局、追い返されアジアの国々は独立を確かなものにします』とまず解放論を述べ、続いて動機論を述べることによってバランスを取っているように見える。

※秦郁彦氏が言われている朝日新聞の社説の該当部分は以下の通りである。(『』内)

『……挙国一致、国体の護持を計り、神州不滅を信じると共に、内に潜熱を蔵しつつ冷静以て事に当たるならば、苦難の彼方に洋々たる前途が開け行くのである。

加うるに、被抑圧民族の解放、搾取なく隷属なき民族国家の再建を目指した大東亜宣言の神髄も、また我国軍独自の特攻隊精神の発揮も、ともに大東亜戦争の経過中における栄誉ある収穫というべきものであり、これらの精神こそは大戦の結末の如何にかかわらず双つながら、永遠に特筆せらるべき我が国民性の美果としなければならない。……』

(これに対する私見)

これに対し左翼の人はとにかく粗探し的なことを言う場合がある。日本も朝鮮、満州を統治、抑圧していたといって、否定している。そういった事実は否定しないが、日本が植民地を持っていたということと、この戦争がアジア解放につながったか、つながらなかったかとは直接的には関係がない。左翼の人は一見もっともらしいことを言い論点を微妙にズラすやり方、手法を取ることに注意すべきだ。現実問題としてこの当時、欧米に対抗するため、または防衛するためには国力をつける必要があり、やむを得ない面があるのは仕方がないのではないか。また、日本の統治は欧米と比較して搾取一辺倒でなく、むしろその国の発展を促したか、後の近代化の基礎になっているのである。

作家・評論家の保阪氏が続けて、

『……少なくとも、日本が東南アジアに入っていったその瞬間は解放なんです。ところが、（中略）解放ではなく、新たな植民地支配だということが、その後の占領行政のなかで明らかになっていったということだと思います』

（これに対する私見）

秦氏も保阪氏も結局、両方バランスを取った言い方に見える。つまり、日本軍によって「アジア解放状態」になった事実は認め、今度は「しかし実態は同じ」と述べ我々のような「アジア解放論者」及び「アジア解放論否定論者」からの双方の批判を避けようとしているようだ。

ただ、保阪氏の方は〝新たな植民地支配〟という表現を使い、秦氏は動機論を持ち出してバランスを取っておられると思う。ハッキリしていることは、『〝例え一時的であれ「日本軍」によって〝アジアが解放状態〟になった〟ということである』、この部分については否定されておられない。この空白状態を演出した。これが私は大重要だと思う。

そしてまた坂本氏が意見を述べる。

『解放の偉業か侵略かということなら、なにもこの時期の日本だけでなく、アメリカの西部開拓史にも同じ問題があります。これぞ人間の苦難に満ちた偉業と謳いあげる人たちもいれば、インディアン残滅史ととらえる見方もできる。ただ、アメリカの場合は、これまでもっぱら偉業だとされてきたが、最近になって、それへの批判が強くなってきた。しかし、それらは両面あるのです。それと同じで、大東亜共栄圏も、侵略か解放かを決めつける議論はしなくていいんだと思うんです。ある面では意図したことと現実がちがうとか、ある面では理想が追求されたとか、事実を淡々と語ればいいのではないですか』

（これに対する私見）

坂本氏の言われる「アメリカの西部開拓史とインディアン残滅史の例」はアメリカの行動が西部＝インディアンの土地に対する「開拓」（開発）なのか「侵略」に当たるのか、という話かと思われる。これを日本の「アジア解放」か「侵略」かと対比させているのは暴論であろう。あるいは詭弁のような印象を与える。日本のアジア進攻はそこにいた住民を追放あるいは殲滅しその地域に〝自国の文明〟を注入し開拓したというような形を取ってはいない。確かに一部強圧的なところがあっただろうがそこの住民を追放・殲滅するといったような暴挙は行ってはいない。日本のアジア解放論とは肝心なところが全く違うと思う。

とにかく、ここで解放か侵略かを決めつける議論はしなくていいと言っている。しかし、日本の太平洋戦争（大東亜戦争）は侵略史観で決めつけられているように思う。あるいは、印象づけられている。最低でも、せめて〝両面がある〟ということを強く示してほしいと思う。


ジャーナリスト・戦史研究家として著名な半藤一利氏はこう述べる。

『しかし、私はどうも「長期戦のための資源獲得」という動機論のほうに傾いているんです。インドネシアのジャワ島にいた大宅壮一がこんなことを書いています。戦争前半、インドネシアは日本の占領下にあり、独立を許されていませんでしたが、軍政を行った今村均軍司令官は、ジャワの人たちが「インドネシア・ラヤ」というジャワ独立の歌を歌うのをおおいに奨励していたそうです。そこには日本軍がまさに解放軍として歓迎されている光景があった。ところが後半戦局が悪化し、今村軍司令官もラバウル方面に転出すると、後任の軍司令官は、今度はこれを歌ってる人を捕まえ、留置場にぶち込むようになったというんです。また、大東亜会議の前の昭和十八年五月三十一日の御前会議で「大東亜政略指導大綱」が決められますが、ここで、フィリピンとビルマは独立させるが、マレー、スマトラ、ジャワ、ボルネオ、セレベス、ニューギニアは大日本帝国の領土とする、ただし、当分の間はこれを発表しない、と決定しています。ですから、どうも日本人のやったことは褒められたものではない、というのが正直な感想ですね』

（これに対する私見）

半藤一利氏の著書はよく拝読している。すでに紹介しているように、ものすごく幅広い見識があり、その内容は一方的な日本悪玉論を否定されているような記述が多い。ところが、この「太平洋戦争」の侵略か解放かとなると、本文の発言を見ても分かるように不思議議とどっち付かずの曖昧な記述になる。

では、アジア解放論は認めていないのか。いや、認めていなくとも、ハッキリと否定されているわけではない。つまり、日本の統治の悪い部分を述べているだけであり、それにより認めないという感じを示されているだけである。他の部分に関しては広い視野に立っているのに、この「侵略か解放か」についての論評は、全く別人のようになる。感情的に述べておられるかのようだ。戦争に対する体験、嫌悪がそうさせるのであろうか。

しかし、私は思う。史学的に見れば、あの戦争は〝植民地解放をもたらした〟あるいは〝植民地独立に大きな影響を与えた〟ことが、説明する必要がないほど明白であるからこそ、動機論のようなものを持ち出してお茶を濁しているのではないか。

また保阪氏が述べる。

『たしかに、南方の資源地域の確保という動機をあやふやにしたまま、結果論を振りかざして戦争を正当化しようとする旧軍人の発言には辟易とします。しかし、そういう軍事戦略を認める一方で、われわれは東亜の解放を意図していたんだと主張する資格のある人たちが、わずかながらも存在することはたしかです。軍事衝突がなかったインドネシアなどでは、敗戦と同時にインドネシア義勇軍に加わり、オランダからの独立戦争に参加して命を落とした兵士が二千人近くいます。彼らはインドネシアの国立墓地に埋葬され、いまでも現地では大切にされている。東亜の解放と言っていいのはこういう兵士たちだけでしょう』

（これに対する私見）

ここでは、東亜の解放の意識を持ち、そしてそのために戦い、また亡くなられた人たちのことを述べている。アジア解放戦争であったというのをたとえ部分的であれ〝確実な部分〟だと示している。心のどこかで保阪氏は、あの戦争はアジア解放戦争であったと思っているのであろうと思う。

半藤氏が述べる。

『ただ大本営参謀だった辻政信が開戦前に書いて兵士に配った「これを読めば戦は勝てる」という内容の小冊子を見ると、現地の人達を「土人」と書いているんです。「土人を可愛がれ、しかし過大なる期待はかけられぬ」なんて、これが解放軍の態度とは思えません』

（これに対する私見）

確かに、半藤氏の言う通りで、優れた我々によって未開な君たち（土人）を助けてやるのだ、とこの小冊子は言っているのである。確かに残念である。しかし、当時、日本は現実的に欧米に対抗できるアジア唯一の近代国家であり、こういった態度になるのは仕方がなかったのであろう。

それと、この話は「歴史的に見てどうなのか」という観点からはズレている。確かにどういう意識を持って現地や現地人に当たったのかということは重要な要素ではあるが、より重要なのは現実にどういう指導を行い何が残されたのか、もたらされたのかである。半藤氏程の見識のある人が、この問題に対する回答として述べる内容ではない。「解放論」にならないように意識して述べているのであろう。

秦氏が述べる。

『開戦直前の大本営政府連絡会議決定のなかでも、「原住土人」という表現を使っています』

（これに対する私見）

さすがの秦氏も他者が述べる言葉をなぞるようなことしか言えないのであろう。

さらに半藤氏が述べる。

『それから、昭和二十年六月八日の「本土決戦」を決めた御前会議でも、終戦の詔勅でもそうなんですが、大東亜共栄圏の大理想は戦争目的からまたずり落ちて、日本の戦争目的は自存自衛ということになるんです。日本は最後になって、やはり大東亜共栄圏の理想など架空のものだったと、みずから告白したのです』

（これに対する私見）

半藤氏といえども、〝動機論に終始〟している。

では、大東亜会議開催や占領統治した地域において育成した軍隊は意味がなかったのか、どうなのか？　ここに参加した人たちには〝何の言及もない〟のである。結局は「自存自衛」の戦争でしかなかったということに関しては半藤氏の言われる通りであるが、まず戦争に勝つことが第一というのは仕方がないことで、負ければ元も子もないではないか。

坂本氏がこれに少し異論を述べる。

『ただ、大東亜共栄圏を論じた四年間というのは、あまりに短いものの、日本近代において かなり稀な時期でした。新しい秩序を差配できる能力があったかどうかは別として、それをやらねばならないという使命感を持ち「八紘一宇」など、さまざまな言葉、思想を動員して世界と日本というものを真剣に考えたという知的緊張感は、これ以前も、以後もないんです。ところが、欧米はそういう経験を百年、二百年の単位で持っています。そういう長いスパンでの議論があれば、現実と理想の矛盾も解消されていき、イデオロギーがリアリティを持ち出す。逆に言うと、そういう百年単位で世界に誇張してきた連中が考えてきていることを理解するには、われわれはよほど歴史的想像力を働かせなくてはならない。悲しいかな、大英博物館を持っている国と、東京国立博物館の国とでは蓄積が違うのです。そういうとき、わずか四年間のことといえ、大東亜共栄圏とか『世界史的立場と日本』などを考えた人たちの体験を、想像力で拡大しつつ追体験してみる必要があると思うのですね』

（これに対する私見）

坂本氏は「太平洋戦争」（大東亜戦争）は解放戦争、あるいは「解放をもたらした戦争」ということをかなり間接的に主張しているように思う。坂本氏は臆面もなく「大東亜共栄圏」について『……それをやらねばならないという使命感を持ち「八紘一宇」など、さまざまな言葉、思想を動員して世界と日本というものを真剣にかんがえたという知的緊張感は以前も以後もないんです。……』と述べてかなりの評価を与えている。

最後に半藤氏が述べる。

『たしかに、敗戦後の日本は、世界史的立場など考えない、再び鎖国になったようなものですからね』

（これに対する私見）

現在の日本はただアメリカ（国連もか）に追従するだけになってしまった。日本通のジャーナリスト、フランスのロベール・ギラン氏は「太平洋戦争」中に東京で開催された「大東亜会議」について『……西洋からその文明を借りてきた国民、鏡の機能を持った国民は初めて地球の一角を〝自らの思想〟をもって照らそうと望んでいたのである。……』と述べておられる。これは戦前の日本の誇るべき一面といえるのではないか。戦前を安易に否定するのではなく、こういった面があったことを思い起こし日本がこれからの世界に打って出る糧とすべきであろう。改めてこの半藤氏の発言はこのことを述べておられるようである。「太平洋戦争」の歴史的意義を否定されてはおられない発言と思う。

（対談全体に対する私の意見）

結論から言うと、私の知りたいことには何も答えていなかった。

いわば、一種の捉え方の紹介のようなもので、自身の意見を明確に述べていない。著名な近現代史家（半藤氏は作家であるがその見識は深い）でありながら、アジア解放や独立に関して何ら深く言及しない。差し障りのない意見か、動機論か、侵略及び解放かのバランスを取った言い回し的な意見ばかりである。

しかし、このあいまいとも思える対談で、次のように感じた。

この戦争は「アジア解放的要素を持ったこれまでと違った画期的な戦争だったんだ」という声が聞こえてきそうなのだ。「でもそれを大っぴらに言えないんだ。その思いをくみ取ってくれ！」と言っているかのようなのである。

3　令和政治社会問題研究所所長・古谷経衡氏の評論

次に、古谷経衡氏の論評「『太平洋戦争はアジア解放のための戦争だった』説は本当か?」(Yahoo!ニュース、2020年8月15日)を紹介したい。古谷氏は歴史の専門家ではないが、ハッキリ「この戦争はアジア解放戦争ではない」と主張されている。それでは、「日本アジア解放論」に対する強烈ともいえる反論を紹介しながら、私見を述べさせていただく。『　』内が本文である。言うまでもないが、反論しやすい部分だけを抜粋するようなことはしていない。また、①〜④は論点を整理する意味で筆者がつけたことを断っておく。

まず古谷氏は冒頭で述べられる。

『……「先の戦争における日本の大義―アジア解放」を正当化する書籍等が跋扈している。(中略)「太平洋戦争はアジア解放のための戦いであった」という主張は、右派の狭隘な界隈を飛び越えて一般書籍や雑誌の中でも登場し、いまや一定の支持を得るまでに至っている。しかし、この「太平洋戦争はアジア解放のための戦いであった」という主張は本当に正しい歴史認識なのだろうか。（中略）敗戦75年という節目を契機に、（中略）この説の正当性を検証してみる必要があるだろう』

（これに対する私の意見）

一般書籍にも、これまでと違い「アジア解放」的な要素があったという記述が見られることは私にとっては歓迎すべきものである。古谷氏はそういった主張を「侵略戦争を正当化する」ためのものとして述べられているが、必ずしもそうではないと思う。戦争を正当化するのではなく、歴史の流れの中で別な見方もあるのではないかという問い直しの意味合いも充分ありえる。古谷氏の言い方は一方的な断定に読めるのである。

続けて古谷氏はナチスドイツとイタリアの戦争大義を紹介する。当然、枢軸国陣営であり日本と同盟国であったドイツ、イタリアも侵略国とされている。

①全ての侵略戦争にあった「大義名分」

『……ナチスドイツ（中略）、その戦争の大義は「ドイツ固有の領土・ダンツィヒの奪還（およびドイツ人の東方生存権の拡大）」であった。（中略）イタリアは、（中略）「未回収のイタリアの奪還」であった。（中略）一方日本は、1941年12月8日の真珠湾攻撃に際し、対連合国開戦の戦争大義として（1）「自存自衛」と（2）「アジア解放」を掲げた。自存自衛とは、主に米英からの経済圧迫に対し自力で対抗する必要に迫られたこと。アジア解放とは、第二次大戦当時にタイ王国を除くほとんどすべての地域が欧米列強の植民地か自治領であったので、有色人種である日本が、この欧米人における植民地支配からアジアを解放する――、という名目である。（中略）1940年にフランスがドイツに屈服したことから（中略）フランス領インドシナに進駐した。これにより、アメリカは日本が太平洋方面に領土的野心をもつとことさら警戒し、くず鉄や原油の輸出等に厳重な規制を設けた。（中略）アメリカの経済制裁は死活問題であった。「アメリカの経済制裁が気にくわないから」という理由だけでは（中略）大義は弱いので（中略）「アジア解放（大東亜戦争）」をスローガンに掲げたのである』

（これに対する私の意見）

『アメリカの経済制裁は死活問題であった』と述べられている。その通りである。これがなければ、この時点での「太平洋戦争」は起きなかったであろう。私はこれだけでは大義が弱いとは思わない。充分であろう。ただ、この開戦に当たって、これを機に「アジア解放」を掲げた。悪いとは思わない。日本が負けたから欺瞞だとか、侵略を美化したと言われているに過ぎないと私は思う。実態はともかく、虐げられているアジア諸国を解放する、素晴らしい大義であろう。では、米英の大義は何なのか？　植民地を日本から防衛することが大義なのか？　それとも自由と民主主義を守るという大義なのか？　そういった面も少しはあったというのなら、日本のアジア解放も少しはあっただろう。少しどころかこれがなければ「アジア独立」はなかったと私は思う。

古谷氏は続ける。

『……南方地帯には、大規模で良質な油田（中略）があり、さらに（中略）ゴムやボーキサイト等の天然資源があった。「アジア解放」の真の目的とは、これら資源地帯の制圧であり、（中略）対米持久戦に備える（中略）という、（中略）日本の利益だけを考えた作戦行動であった。しかし、（中略）「アジア解放のための戦い」をスローガンとした。このスローガンを真に受けたのが、先に述べた「太平洋戦争（——彼らは大東亜戦争と呼称する）はアジア解放のための戦いであった」とする戦後右派の主張である』

（これに対する私の意見）

古谷氏の主張はその通りであろう。〝アジア解放のために、アジア人のために〟戦争をしたというのは確かに欺瞞性はある。戦争に勝つことが第一であるからである。しかし、「アジア解放」というのは全くの欺瞞とは思えない。日本のアジア進攻が他地域へ侵攻する以上、そして戦争に勝つ必要性がある以上、侵略性を持っていることは否定しない。ただ「アジア解放」という要素を同時に必然的に含んでいたのもまた事実であろう。

古谷氏は続ける。

②「アジア解放」のお寒い実態

『では、（中略）「アジア解放」の実態はどのようであったのかというと、（中略）日本軍はマレーを嚆矢として、蘭印、フィリピン、ビルマ等を次々と（中略）制圧した。（中略）特にイギリスの圧政に苦しんだビルマでは、当初日本軍は植民地支配からの解放軍として迎えられた側面があることは事実である』

（これに対する私の意見）

古谷氏は『……日本軍は植民地支配からの解放軍として迎えられた側面がある』と述べられているが、この部分の解釈や評価の視点が、結局この問題の焦点なのであろう。どうとでも言える。しかし、先入観を捨てた見方をしていただきたいのである。

古谷氏は続ける。

『しかし実を言うと、当時アメリカの自治国であったフィリピン（フィリピン・コモンウエルス＝フィリピン独立準備政府）はアメリカ議会からすでに1945年の独立（中略）を約束されており、日本軍の侵攻による「アジア解放」というスローガンは全く無意味として映った。（中略）すぐさまゲリラ的抵抗や抗日活動が起こった。これは華僑の多いシンガポール（中略）でも同様で、日本の戦争スローガンに同意せず、激しい地下抵抗運動が盛り上がった。オランダに数世紀にわたって植民地支配されていた蘭印（中略）でも、その実態は島嶼や地域ごとに強固な部族社会が形成されており、日本軍の占領統治に懐疑的な地域も多く存在したこともまた事実である』

（これに対する私の意見）

フィリピンに関してはまさにこの通りであろう。日本占領地域内における統治においてフィリピン統治が一番うまくいかなかった。確かに1945年に独立をアメリカから約束されていた。しかし、それは何と10年後の約束ごとであり履行されたかどうかは不明といえよう。日本が１９４３年に（形の上かもしれないが）先に独立させた。これは無意味ではない。日本がフィリピンを独立させた以上、正義を標榜するアメリカは何が何でもフィリピンを独立させざるを得なくなったことは間違いないだろう。蘭印（インドネシア）についてはかなり統治がうまくいった地域である。にもかかわらず古谷氏は『懐疑的な地域も多く』という表現により否定されている。

古谷氏は続ける。

『……そこで占領期間中、ビルマやフィリピンを形式的に独立させ、１９４３年11月（中略）これらの国々（〈中略〉傀儡である汪兆銘政権や満州国を含む）の代表を東京に招聘していわゆる「大東亜会議」が開催され、（中略）内外に宣伝されることとなった。ところが、これはあくまで日本を頂点とした傀儡国家の野合に過ぎず、（中略）日本は資源地帯の要であるインドネシア、マレーについては最後まで独立を許すことはなかった。（中略）「アジア解放」と謳っておきながら、最も重要な地域は独立させず、

（中略）これが日本の掲げた戦争大義の偽らざる実相である』

（これに対する私の意見）

この戦争の目的は、まず資源を獲得することが第一であった。それは否定しない。しかし、日本が「アジア解放」を掲げた以上、正義を標榜するアメリカは、アジア解放を意識せざるを得ないのも事実であったろう。日本は形だけかもしれないが、ビルマ、フィリピンを独立させた。インドネシアは終戦2日後に独立した。欧米はそれすらしなかったのである。さらに、日本は終戦5ケ月前にベトナム、ラオス、カンボジアをフランスから独立させた。また、「大東亜会議」は、古谷氏が述べるような単なる〝傀儡国家の野合〟ではない。その国の存在を否定された国が一堂に会して〝国際会議〟の一員として参加した歴史的会議である。捉え方の違いではない。私はこの会議が一回で終わらずに、せめてもう一回開催されていたらと思う。これが、後の「バンドン会議」につながったのである。

古谷氏は続ける。

③「アジア解放」の一方でアジアを侵略中

『……対米開戦以前から大きな矛盾を抱えていた。１９３１年に満州事変を起こすと（中略）満州国を建国した。（中略）日本の傀儡国家で、国際社会からは承認されず、（中略）１９３３年に国際連盟から脱退した。つづく１９３７年、蘆溝橋事件を端緒として日中戦争が勃発すると、（中略）南京を占領した。（中略）同市に徹底的な戦略爆撃を行った（重慶爆撃）。多数の民間人が巻き添えを食らった。この重慶爆撃と日本の中国侵略に猛烈な反対声明を出したのは、（中略）インド帝国でガンジーと共に独立運動を展開していたネルー。（中略）その要旨は「同じアジア人（中国）を侵略し爆撃するのは反対」という、至極まっとうな見解であった。（中略）日本は（中略）「アジア解放」を掲げていたが、（中略）前の段階で、同じアジア人に対し攻撃を加えていたのであった。（中略）日本は（中略）「アジア解放」とは真逆のことを平然と行っていたのである。（中略）小林よしのり氏の大ヒット作『戦争論』にも、（中略）日本軍の欧米植民地の「解放」の成果ばかりが強調されているが……』

（これに対する私の意見）

ここで古谷氏の言われていることは、表面的にはその通りであろう。しかし、日中戦争は日本軍が一方的に仕掛けた戦争ではなく、戦線が全土に拡大したのも第二次上海事変が原因であり、それも中国軍が仕掛けたものである。何回か行われた和平交渉もうまくいかなかった。中国の蔣介石がこれを機に日米戦争に向かわせようとしている要素もあった。もともと、「アジア解放」というのは〝あと付け的〟であることは間違いないから、こういった矛盾も生じるのは仕方がないのであろう。

また、日中戦争は一応中国（蔣介石政権、各軍閥）と戦争しており、太平洋戦争の特徴の一つといえるが、日本が戦っている相手は「アジア諸国そのもの」ではない。〝アジア地域の支配者〟と戦争しているのである。日本はいやが上にもアジア地域（そこは欧米植民地）に侵攻せざるを得なかったのである。

古谷氏は続ける。

④アジア諸国独立における日本の功績はあったのか

『確かに第二次世界大戦後、アジアの欧米植民地は次々と独立を果たした。この一点をもって（中略）保守界隈やネット右翼も、「太平洋戦争（――彼らは大東亜戦争と称する）はアジア解放のための戦いであった」と主張している。（中略）短期間であるとはいえ日本軍の東アジア一帯の制圧（南方作戦）が成功したことは事実だが、それがのちのアジア諸国の独立とダイレクトに結びついたかどうかは疑わしい。（中略）仏印（インドシナ）は、戦後フランス軍がもどったが、現地軍が独立軍を結成し、（中略）インドシナの独立が確定した。フィリピンは（中略）すでに（中略）独立が約束されていたので自然にそれを達成した。蘭印（インドネシア）については現地の残留日本軍兵士が（中略）独立戦争に加わった事実はあるが（中略）独立戦争の主体はインドネシア人であった。（中略）インドの独立運動家、チャンドラ・ボースを対イギリス戦争のためのシンボルとして祭り上げた日本であったが、ボースは終戦直後、航空機事故死したために、インドの独立にはほとんど関与しないまま世を去った。（中略）インドの独立運動は、（中略）ガンジーらによって続けられており、日本軍による関与がインド独立につながったとする評価は、現地でもほぼ皆無である。しかしこうした事実を述べると、「日本軍のアジア解放は、結果として失敗したが、敗戦後、現地人の独立精神に影響を与えた」という日本の右派による二の矢、三の矢が用意されている。（中略）もちろん、南方作戦における日本軍の（中略）成功が、現地人に宗主国への独立の可能性を抱かせた側面はゼロとはいえない。だが、第一次大戦後、第二次大戦後、世界中でポスト・コロニアル（脱植民地化）の動きが起こり、……イギリスやフランスの植民地が次々と独立した。アフリカ諸国の独立はこのような流れのなかで行われた。まさかナイジェリアやアルジェリアの独立が「日本によるアジア解放の影響を受けた」とする人間はおるまい。……第二次世界大戦後世界中で植民地独立の流れが起こったのである。これは当時の世界の潮流であった。（中略）事程左様に、「太平洋戦争（――彼らは大東亜戦争と呼称する）はアジア解放のための戦いであった」とする主張は、戦後の日本の右派が勝手に作り上げた日本側に都合の良い歴史解釈であり、事実を正確に照合していない』

（これに対する私の意見）

「太平洋戦争はアジアを解放したか」というテーマに対して、この④の部分が一番の核心である。正直、この部分について具体性を持った納得できる回答、論評等があれば本書を書くことはなかった。もう一度繰り返す。私はこの部分（日本軍のアジア侵攻が植民地解放に具体的にどう影響を与えたのか、また与えなかったのか）において納得できる回答や主張等に出会ったことがない。古谷氏の主張もやはり私を到底うなずかせるものではなかった。古谷氏のこの④に関する主張は、これまでの①～③と比べ一番内容がよくないと思う（あとに示す安倍首相による戦後70年談話の紹介はない方がいいと思う）。それは、やや感情的なものが見られるからである。さて、古谷氏のこの主張に関する私見を述べてみたい。

4　アジア独立に関する私の意見

古谷氏は個々の国々について記述されているので、すでに第二章で述べているがもう一度、私もそれに沿って述べたいと思う。

（1）インドシナ（仏印：ベトナム、ラオス、カンボジア）

ベトナム独立（形の上では日本軍により1945年3月グエン朝バオダイ皇帝を担ぎ独立している。そして日本敗戦直後の8月24日、ホーチミンがバオダイ皇帝を退位させた。ベトナムではいわゆるこの「8月革命」の日を独立日としている。ラオス、カンボジアも同じ）は、戦後、ホーチミンにより、ティエンビエンフーの戦いでフランス軍を撃破し、その後独立を果たしている。しかし、彼らがフランスと渡り合えたのは日本軍が仏印からフランス軍を追放したことが大きい。また、日本兵約600人が支援し、武器も与えられた。「クワンガイ陸軍中学」を創設したことも大きい。私は、それがなければ独立はできなかったと思う。

（2）インドネシア

インドネシアは日本軍により1943年3月オランダを追放したあとPETAが創

設され、スカルノ、ハッタにより民族意識が高まった。1945年8月に日本が敗戦となったため追放されたオランダが再支配をもくろむことが予想されたため、日本軍により25000丁に上る武器が様々な方法でインドネシア軍に渡された。約2000台の車両も渡された。また、日本兵1000名〜3000名がインドネシア軍に加わった。再支配をもくろんだオランダはインドネシア独立軍の激しい抵抗にあうことになる。これが何ら独立に影響しなかったというのは考えにくい。そして、インドネシアは日本敗戦の2日後の8月17日に独立宣言をしている（現在、インドネシアの独立記念日であり祝日である）。これは形の上の独立ではない。にもかかわらずオランダは再支配をもくろんだ。何故、古谷氏がこういった事実を認めないのかよく分からない。

(3) インド

インドについては日本軍による占領はなかったが、れっきとした「インド国民軍」がシンガポールで創設された。亡命者となった、チャンドラ・ボースが司令官である。日本軍の一部である日印軍ではなく「インドの国軍」である。彼はアンダマン諸島を与えられ、「自由インド仮政府」の首長となった。彼は〝力には力しかない〟として〝非暴力路線〟を取るガンジーと対立した。彼の遺骨は日本の連光寺に祀られている。インパール作戦はインド人に「インド国民軍」の存在をますます意識させた。日本敗戦後に、インドでは支配者イギリスによる「インド国民軍」に対する「戦犯裁判」が行われた。しかし、結果的には逆効果となり、インド独立運動に拍車をかけた。何故、イギリスが我が国の国民を裁くのか、と。確かにインドの聖者ガンジーの功績は大である。しかし、彼ですら日本軍がミッドウェー海戦で敗れるまでは、一時は日本と「日本インド中立条約」締結を考えていた。その後、態度が曖昧になっている。

(4) ビルマ

ビルマについても述べてみよう。1943年7月、ビルマは日本軍により独立した。バー・モウが首相、アウンサン（アウンサンスーチー女史の父親）は副首相であった。そして、日本軍によりいくつかの改組を経て最終的にアウンサンを司令官とする「ビルマ国民軍」が設立された。日本軍は、海南島でビルマ独立のための指導的役割となってもらうための訓練を行った。日本軍により独立国となったビルマは、１９４３年11月に東京で開催された「大東亜会議」に参加することとなる。この会議における日本の意図は別にあるとしても、「アジア人のみ」での会議は世界史に輝く功績であろう。バー・モウは、不満を述べるアウンサンにこう言った。『たとえ独立が名ばかりのものであってもイギリスはそれすらの独立も与えないのだ』。その後、アウンサンの反乱のあと、やがてビルマはイギリスから独立を勝ち取った。戦後36年経った１９８１年１月、海南島で独立の闘志を育成した川島威伸ら7人（鈴木敬司の未亡人も招待された）をビルマに招き「アウン・サンの旗」という最高の勲章を授与したのである。

以上の事実を鑑みると、日本軍の進攻が「アジア解放・独立」に影響を与えなかったということは常識的に考えてあり得ないだろう。ただ、その影響度の度合いをどう見るかということであろう。１００％なのか30％なのかという問題はあるだろう。

また、古谷氏は第二次大戦後に脱植民地化の動きが起こってイギリスやフランスの植民地が次々と独立したといっているが、それ自体は一理あると思う。しかし、何故脱植民地化の動きが生じたのかが問題である。それには明らかに日本軍による植民地統治の破壊が決定的な影響を与えている。確かにドイツとの戦いにより英仏が疲弊したことも大きいが、あくまでも間接的要素であり現地の統治機構を直接破壊し、植民地軍を育て、武器も与えたことがどれだけ独立に寄与したかは計りしれないであろう。これにより、もはや元の状態に戻すことができなくなったのである。そうでなければ、日本敗戦後のフランスのインドシナ再侵略、オランダのインドネシア再侵略はどう説明するというのか。結局は、日本軍が彼らを追放したこと、独立軍を強化し、武器も与えたことにより、再侵略（再植民地化）は失敗している。それが脱植民地化に拍車をかけたのである。また、インドにおいても、日本軍がインドに迫った時にガンジー等が『日本軍と戦えというのなら完全独立させろ』という要求をつきつけたため、イギリスは「クロップス財団」をインドに派遣して交渉したが結局は決裂している。チャーチルは独立など認めるはずもなかった。

また、「アフリカ諸国の独立」も「アジア諸国の独立」が影響を与えたことは間違いない。戦勝国が植民地支配について何ら正当性を説明することができなくなったからである。アフリカ諸国の独立は多くが1960年代である。何と戦後15年も経ってやっと独立ができたのである。日本進攻地域は多くが1950年までには独立している。その差は何を物語るのか。

古谷氏は、安倍首相の戦後70年談話の次の箇所を引用する。

『（第一次大戦後）当初は、日本も足並みを揃えました。しかし、世界恐慌が発生し、欧米諸国が、植民地経済を巻き込んだ、経済のブロック化を進めると、日本経済は大きな打撃を受けました。その中で日本は、孤立感を深め、外交的、経済的な行き詰まりを、力の行使によって解決しようと試みました。（中略）こうして、日本は、世界の大勢を見失っていきました。

満州事変、そして国際連盟からの脱退。日本は次第に、国際社会が壮絶な犠牲の上に築こうとした「新しい国際秩序」への挑戦者となっていった。進むべき針路を誤り、戦争への道を進んで行きました』（古谷氏の記事より転載）

そして、古谷氏は次のように述べる。

『史実はこの談話のとおりで、「日本はアジアの解放の一翼を担った」とか、「日本は敗れたけれどアジア解放という大義名分は正しかった」などとは一言も書かれていない。いい加減、日本の右派は「太平洋戦争（――彼らは大東亜戦争と呼称する）はアジア解放のための戦いであった」という与太話を捨て、戦後70年という契機に、もう一度先の戦争における日本の大義の脆弱さ、矛盾、うさん臭さを内省すべきではないか』

（これに対する私の意見）

戦勝国（連合国）は敗戦国（枢軸国）ドイツ、日本、イタリア等が悪だったからあのような世界戦争が生じたとして、この歴史認識を固定化するために「ニュルンベルク裁判」「東京裁判」を行ったのである。それに基づいて「国際連合（連合国）」を設けたのである。たとえ戦後70年経ったとはいえ、〝戦後体制の基盤を覆す〟すなわち欧米先進国を敵に回すような談話などできようはずがないではないか。古谷氏も分かった上で言っているのではないか。

第五章　「太平洋戦争」（大東亜戦争）の歴史的意味付け

この大命題に対する結論はこれまでの著書ですでに述べているが、権威を持った有識者の紹介で結論とさせていただく。

1　21世紀構想懇談会の歴史的意味付け

この議題に対しては、安倍晋三首相が戦後70年談話の作成に向けて設置した諮問機関である21世紀構想懇談会の報告書を用いて結論を導きたい。この有識者懇談会の正式名称は「20世紀を振り返り21世紀の世界秩序と日本の役割を構想するための有識者懇談会」であり、座長を西室泰三日本郵政社長、座長代理を政治学者の北岡伸一国際大学長が務めた。古谷氏が安倍首相の戦後70年談話を持ち出してきているため、その背景を明らかにする意味も込めて、この報告書に触れてみることにした。

報告書の「20世紀の世界と日本の歩み」の項に次のようなくだりがある。

『日本の１９３０年代から１９４５年にかけての戦争の結果、多くのアジアの国々が独立した。多くの意志決定は、自存自衛の名の下に行われた（もちろん、その自存自衛の内容、方向は間違っていた。）のであって、アジア解放のために、決断したことはほとんどない。アジア解放のために戦った人は勿論いたし、結果としてアジアにおける植民地の独立は進んだが、国策として日本がアジア解放のために戦ったと主張することは正確ではない』

一方、報告書の「20世紀の世界が経験した二つの普遍化」の項では次のように記されている。

『英国、フランス、オランダなどの東南アジアにおける植民地も、日本の進出によって大きな打撃を受けた。戦後、英国、フランス、オランダは植民地支配の回復を目指したが、これを実現することはできなかった。日本はアジアの解放を意図したか否かにかかわらず、結果的に、アジアの植民地の独立を推進したのである』

したがって、この報告書によると、「太平洋戦争」（大東亜戦争）は、「結果として」

アジアの独立を果たしたことになる。「（結果的）アジア解放戦争」、これが報告書の出した「太平洋戦争」の歴史的意義の結論である。

（これに対する私の意見）

私自身は、この「結果的アジア解放論」で充分である。これ以上は国連（戦勝国）の目があるからである。これまではとにかく、「侵略戦争」一点張りのようであったため、少なくとも「アジア解放」という文言が堂々と報告書に謳われたことは大いに評価すべきである。この戦争は、最低でも「アジア解放」につながった戦争といえる。

産経新聞の榊原智論説副委員長は、報告書を次のように評価している。

『日本の安全保障分野での日本の役割の拡大や、平和や法の支配、自由民主主義、自由貿易体制などからなる国際秩序の維持の重要性を強調していることは評価できる。一方で、歴史問題に関して、満州事変以降の日本の戦争を「侵略」と明記しつつ、おわびの必要性は指摘しなかった。これらの問題は、いろいろ論議されるだろう』（榊原智「『アジア解放』と日本――『戦後70年談話』有識者懇が振り返らなかった視点」先見

創意の会コラム、２０１５年8月11日）

「侵略」と明記せざるを得なかったのは、「東京裁判」の拘束から逃れられない現実があるからである。

しかし、榊原氏は次のようにも述べる。

『自存自衛が第一であったのは当然だ。しかし、それとともに、アジア解放も目的だったことは、はっきりと認めるべきではないだろうか』

榊原智氏は、〃アジア解放も目的だった〃根拠の一つとして、72年前の人種平等サミット「大東亜会議」を開催したことを挙げている。

ここで、もう一つ紹介させていただく。安達宏昭氏の『大東亜共栄圏――帝国日本のアジア支配構想』（中央公論新社）である。

同書２２８頁の2行目から引用する。

『このように、日本の敗戦後、東南アジア各国は、欧米宗主国の再占領や再植民地化の動きに直面する。これに対して自ら交渉し、あるいは戦争を通して独立を獲得した。日本が与えた独立は無効になった。むしろ、降伏した日本軍は、旧宗主国による連合国が再占領するまで、現状維持を命じられ、独立運動を抑える役割を果たせねばならなかった。日本人の中にはインドネシア独立戦争に加わった者が1000名近くいたが、あくまで個人の意思とされ日本軍は彼らの行動を認めずに「現地逃亡兵」として扱った。アジア、特に東南アジアでは第二次大戦前から独立を求めた民族運動が展開していた。この民族運動が、日本であれ欧米宗主国であれ、他民族からの支配を退けたのである』

（これに対する私の意見）

ここで安達氏は、旧宗主国が日本によって破壊された植民地体制を元の状態（植民地）にしようとしていたということを明確に述べている。通常、教科書でも参考書でも、再支配、再植民地化といった直接的な表現は使われず、戦勝国側に対する疑念を抱かせないような表現が多い。安達氏のこの表現には大いに賛成である。ただし、敗戦した日本軍が戦後の秩序維持のために独立運動を抑える動きをしたと述べられていることには留保がある。確かに事実ではあろうが、独立運動そのものを抑えることが日本軍の目的ではなかった。私はあくまで、秩序維持、治安維持程度の目的だろうと思う。日本軍はこっそり、インドネシアに多くの武器も譲渡している。ベトナムでもホーチミン軍を支援、指導している。マイナス面よりも遙かにプラス面の方が大きかったであろう。安達氏が述べているような面は否定しないが、アジアの民族独立運動だけでは独立は不可能だったと思う。

この「太平洋戦争アジア解放論」「太平洋戦争（結果的）アジア解放論」を否定される方に改めて問いたい。この戦争がなくても、実際のところ、アジアは（そしてアフリカは）解放されたのか。「太平洋戦争アジア解放論」に反対する方、または単純な「侵略論」を主張される方に改めて問いたい。日本（軍）の存在、日本（軍）の進攻なくして、どのような経緯を経て解放、独立がもたらされたのか。国際社会の趨勢だったとか、現地独立軍が頑張ったとか、あいまいな説明ではなく具体的に説明できるのだろうか。国際社会の趨勢や現地独立軍の勢いがあったとして、それとて日本軍の進攻が拍車をかけたのではないのか。日本敗戦直後のフランス、オランダの再侵略戦争を見ても、日本軍の介入なくしては明らかに独立は不可能だったと思われる。

2　「太平洋戦争」（大東亜戦争）の歴史的意味付け――結論

本章の締めくくりとして、ルイ・アレン著『日本軍が銃をおいた日――太平洋戦争の終焉』（早川書房）の最後の部分を引用し、結論としたい。

ルイ・アレン氏はロンドンで日本語通訳の訓練を受けられた方で、ニューデリーやビルマで語学将校として軍務についていた。したがって、日本終戦時の降伏交渉に立ち会っており、アジアの戦いについては造詣が深い。次の言葉を是非じっくり読んでいただきたい。

『結局、アジアに築いた日本の帝国は史上最も短命なもの――三年半――にとどまった。にもかかわらず、その衝撃は非常に大きかった。日本征服の直接の結果として、また日本がいなくなったあとの配列において、アジアの歴史の型は、再び元に戻せないような決定的な変化をとげた。満州で、日本軍から奪った武器は、毛沢東軍を太らせ、彼にまず満州を、つぎに全中国を奪取することを可能とした。連合国の十六度線におけるベトナムの、三十八度線における朝鮮半島の一時的分割は、予見しうる将来に消失のきざしを見せない政治的現実へと固まった。遅くはなったが、ビルマ、ベトナム、インドシナには独立の果実が与えられた。ビルマの戦時の首相バー・モウは、日本がその軍国主義者と彼らの人種的幻想によって裏切られたことについて述べ、もし日本が開戦当時宣言したアジア人のためのアジアの政策に最後まで忠実であったならば、アジアの半分の信頼と感謝を失うことはなかったであろう、と述べている。

一九四二年と一九四五年の間の、日本の国民としての過ちがいかようであれ、歴史はこの信頼と感謝を回復するであろう。長期的な見通しとして、ヨーロッパ人にとってこれを認めることが難しく、苦々しいことでさえあろうが、アジア数百万の民族をその植民地の過去から解放したことは、日本の永続的な業績である』

このように（最低でも）「（結果的）アジア解放戦争」であり、「アフリカ諸国の独立」につながり、さらには人種差別が緩和されることにつながった。これが「太平洋戦争」（大東亜戦争）の歴史的意義の結論である。

終章　現在の日本が直面している危機的状況

欧米は敗戦国日本に対して、今度は戦争以外の手段で侵略している。軍事によらず、このままでは日本は潰されてしまうのではないか。必ずしも間違ってはいないものの、日本に植え付けられた捏造に近い罪悪感、欧米中心の国際法、欧米中心の価値観（男女〇〇ギャップ、〇〇自由度、安全度、等々）により、我が国は本当に脅威にさらされている。学会は国連等の主張を隠れ蓑にして、終戦直後ならともかく戦後70年が経ち様々な事実や考え方が明るみに出た現在でも変わることなく、日本に否定的である。この国は本当にどうなるのだろうかと思う。はたまた、日本をＮＡＴＯに組み入れるなどという話さえ出ている。絶対に拒否すべきであろう。ＮＡＴＯは平和のためではなく日本をアジア方面における抑えに利用したいだけである。かつての9ケ国条約、4ケ国条約と同じである。

こういった日本の危機的状況を理解してもらうために、この章を設けた。

本当に日本は独立国なのか？　一度立ち止まって考えてみてほしい。近現代史のテーマ（特に「太平洋戦争」）だけでなく、オリンピック、新型コロナ、ウクライナ戦争等、国際社会で話題になっていることについて、学者の意見やマスコミの報道を鵜呑みにせず、自分自身の目で判断することが大切である。間違いではないにしても、偏向的で一面的な国際世論（これとて本当の意味での国際世論というよりG7の意見を反映したものではないのか？）に迎合する意見や報道が多いからだ。

日本が直面している危機について、思いつくものを並べてみた。

1　憲法改正への障壁（真の独立国への障壁）

これまでに何度も議論されてきた憲法第9条改正。これについては野党が毎度のごとく反発しているが、一番反対しているのはアメリカである。日本をアメリカの一つの州として位置付けていたいからである。日本が独り立ちするのが怖いのである。

日本は世界で唯一の「完全平和憲法」をいただいている国である。勿論、他国も同じような内容の「平和憲法」を有している。しかし、その条文において明確に戦力の〝不保持〟を謳った国はない。

そういう意味では、現在の「自衛隊」は明らかに戦力であり、憲法第9条違反である。大体、自衛隊と軍隊と何が違うのか？　実は、比べようがない。

何故、このようなおかしな「軍隊」が存在することになったのか。それは日本敗戦直後、アメリカが日本の憲法を改正（公式には制定）し、日本から軍備を奪ったからである。軍隊を持つことを禁止したわけである。しかし、その5年後に「朝鮮戦争」が勃発した。アメリカは早くも方針を転換し、日本に軍隊を保有させる必要が生じた。しかし、軍隊を持つことは憲法違反になる。そのために、もともと、〝自衛権〟はあるとこじつけ、そのための軍隊ということで、当初は「警察予備隊」と命名し、それから「自衛隊（self-defense forces）」という意味不明の言葉を作った（世界でこのような名を冠する軍隊はない）。こうして、日本は「軍隊」を持つに至ったのである。

アメリカの命じるままに「軍隊」を作ったことで、日本は防衛面はアメリカに頼ることになった。これが日米安全保障条約である。しかし、その反面、我が国は経済面に力を傾注させることが容易になったといわれている。他国の紛争等に巻き込まれることはなく、知らない顔ができたのである。それは、確かにメリットに違いない。しかし、他国（アメリカ）に護られている国が〝真の意味で主権国家〟といえるのか？

本当に日本の本音としての世界貢献ができるのか？　日米安全保障条約は〝アメリカの日本保護国条約〟であり、〝アメリカの属国条約〟ではないのか？　いままでアメリカは「太平洋戦争」終結後、多くの戦争に参加してきた。「朝鮮戦争」「ベトナム戦争」「湾岸戦争」「アフガン戦争」等。それらの戦争は全て〝正義の戦争〟なのか？　しかし、日本はただの一度もアメリカに反対することなく、国際連合もアメリカを批判することなく、唯々諾々と追従しているだけである。

この根なし草のような日本の姿こそ、アメリカが日本に望むことなのであろう。憲法9条の改正に反対するのは、そうされたら「日米安全保障条約」の存在の意味がなくなり、（真の意味で）「日本独立」となるからである。憲法9条改正を目指しているはずの自民党も、イザとなれば結局改正に〝真剣み〟がない。裏での〝アメリカの許可〟が必要に違いない。

因みに、野党が「憲法9条改正」に反対しているのは、日本の平和を望むためではなく、国民により与党（自民党）と区別してもらうためであろう。それを唱えなければ、与党（自民党）の〝一つの会派〟と変わらなくなるからであろう。とにかく改正反対を唱えていれば一定の支持を得続けることができるからである。これではいつまで経っても野党は責任ある政権政党になることはできないであろう。

2　領土問題・外交問題

アメリカが心底恐れている国は、ロシアや中国以上に、日本である。日本がその気になれば、かつての大東亜共栄圏を建設することが可能であるからである。

すでに述べているように、自国の安全を米国に委ねている以上、真の独立はあり得ない。日本はアメリカの一つの州に過ぎない。アメリカもそのように意識しているはずである。尖閣諸島問題にしても、アメリカの意向を無視した日本独自の外交政策はとれない。北方領土問題等は、もともとヤルタ協定（米英により日ソ中立条約を破棄し日本の領土の一部を力により奪うことを約束した協定）に基づくもので、ロシアだけが悪いわけではない。日本はそのことを何も言えず、また北方四島どころか二島返還も難航している。アメリカが日ソ平和条約締結に反対していることが一番大きな理由であろう。日ロ間で平和条約が締結されれば、北方領土にミサイル基地を造るといってロシアを脅しているのである。しかし、アメリカが一番恐れているのは、前述しているように〝日本がアジアの主導権を握る〞ことである。日ロが親密になれば、その可能性が少しでも高まるであろう。

日本は技術力だけでなく、誠実性もある。多くのアジア諸国は日本を中心とする〝共栄圏〞を建設することを望んでいると私は考えている。あるいは、それに対する反国はいないと思う。今の日本は中国やロシアと違い〝力〞と〝その場限りのいい加減さ〞による支配ではなく、〝技術力〞と〝誠実さ〞で各国をまとめる力がある。

つまり、日本を放置していれば、間違いなく「真のアジアの統治国」になる。「新大東亜共栄圏」が建設される。アメリカはそれを恐れているに違いない。あの「太平洋戦争」の始まりも、つまるところアメリカが〝拡大する日本〞を潰したかったことが真の原因であろう。

私は、Ｇ7も体の良い日本封じ込めと見ている。日本をＧ7という枠組みに入れてしまえば、日本が誇張するのを「世界の意志」の名の下に封じ込めることができる。

G7は世界の意志ではないのであるが。日本は「日米安全保障条約」と「G7」により身動きが取れないのである。何とかして日本が、日本独自の路線で、アジアをリードする道を切り開くことができないものだろうか。リードしなくても、日本自らの意志に基づくアジア外交ができないものだろうか。

3　欧米の価値観の押し付け

欧米は、自分たちと違えば、相手に自分たちのやり方を押し付ける。それが正しいからではない。自分たちと違うものを認めないためである。日本には日本の慣習や価値観がある。このままでは、日本が世界の一部に過ぎない欧米によって潰されてしまう。

もちろん日本にも悪いところはあるが、いいところもある。欧米（特にアメリカ）は何故、理由を考えず、考慮せず、検証もせず、自分たちに同調するように勧告や脅しをかけてくるのか。そして、マスコミも（野党も）何故、それに合わせて報道するのか。

日本に対する欧米式の価値観の押し付けについて、五つの点で検討してみたい。

(1) 男女平等問題――何のために問題視するのか？

２０２１年世界経済フォーラムによると、日本はジェンダー平等の指標であるジェンダーギャップ指数が１５６ケ国中１２０位である。Ｇ７では最下位で、韓国（１０２位）より下位である。

指標は「政治参画」「経済参画」「教育」「健康」の４項目で判定される。

・「政治参画」：１３９位、議員の男女比、閣僚の女性数等
・「経済参画」：１２１位、管理者の男女比、同一労働賃金格差等
・「教育」：１位、進学率等（因みに識字率一位）
・「健康」：69位、健康寿命（何故こんなに低いのか？　日本は健康寿命が短いとのことである。本当なのか、他国の数値を私はあまり信用していない）

「政治参画」で見ると、日本は女性の議員数や閣僚数が少ないという。しかし、女性が多く政治に参画すれば、より良い政治ができるのか？

「経済参画」で見ると、女性の管理者の数が少ないという。しかし、ＮＴＴにて管理職の末席を汚していた私の経験から言えば、女性は管理職になりたがらなかった。二人の女性を管理職に推薦したことがあるが、一人は頑なに拒否し、一人は研修途中で辞退した。確かに、指導していた私の力量不足もある。また、管理職というものの意義等をもっと伝えれば良かったかといまになって思う。ただ、決して女性を軽視していたわけではない。特に、ＮＴＴは賃金に男女差別はなく、人事評価は明らかに女性が有利であった。実績が同じなら女性が評価された。私も無意識にそうしていたと思う。

ただ、「政治参画」でも「経済参画」でも、単純に男女比率を決めて、無理強いするように女性を登用するのは絶対によくない。意義、理由等を伝えた上で、女性に参画を促すべきである。

また、男女間の役割分担は否定される傾向であるが、私は必要だと思う。神様が、また自然が、長い間をかけて男女、雄雌に分けたのである。それが結局、一番いい形だからだと思う。ただ、男女とも〝門戸は開いておくべきである〟。その者がそれをしたい、なりたいと言うのなら、それを男女の別を理由に阻むようなことはすべきではない。ただ、いま現在行われている役割分担を安易に否定すべきではないだろう。長い歴史の中でもたらされたものであるため、自然の法則に、摂理に反すると思うからである。体格、機能（特に生殖機能）、脳は男女で明らかに違う。また、地域によって気候や風土も違い、それによって男女間での役割の違いが歴史的に生じてくるはずである。

私にはもう一つ疑問がある。ジェンダーギャップ指数が高い国は日本より良い国なのかということである。ベスト10はアイスランドをはじめとして小国ばかりであり、やっと10位にドイツが来る。私は、これらの国々よりも日本の方が遙かに安定、安全の国であると思う。夜でも女性や子供は堂々と街を歩ける。落とし物が落とし主に届く国、宅配便は確実に届き、不在通知、再配達もある国、それが日本である。かつてアメリカが、プラザ合意と日米半導体協定によって、〝半導体帝国日本〟のさらなる拡大を恐れて潰した程に技術力も経済力もある。ノーベル賞受賞数も、21世紀に入ってからは第2位である（1位はアメリカ）。

だから、人間は平等であるべきだからとか、かくかくあるべきだからという理由だけで、男女平等を押し付けるのは問題である。現在生じている様々な問題が明らかにジェンダーギャップに原因があるならばともかく、単なる平等であるべきだという理由だけでとやかく言うのは問題である。もっと慎重に議論を進めるべきである。

国連開発計画のジェンダー不平等指数を見ると、この順位は大幅に変わってくる。2020年現在、日本は162ケ国中24位で、イギリス（31位）、アメリカ（46位）を上回っている。国連開発計画の指標には、妊婦死亡率や、15歳～19歳までの1000人当たりの出産数があるが、世界経済フォーラムの指標とこんなに差が生じる数値に何か意味があるのかと思う。不思議と儒教（女性を軽視する）国家である韓国も、この指数において日本やドイツを上回っている。東洋の国のことを理解せずして、欧米中心の価値観で推し量ったような指標、数値に我々は振り回されるべきではない。だいたい、いつもマスコミで紹介されるのは世界経済フォーラムの120位といった（日本を悪く思わせる）数値であり、マスコミの言うことは嘘ではないが安易に鵜呑みにすべきではない。

何年前のことだったか、また何で知ったのかも忘れたが、強く印象に残っているエピソードがある。その内容は、日本の女性に対して〝女性に生まれて良かったと思うか〟と質問したところ、女性に生まれて良かったと答えた女性は78％以上だったというものである。この数字は先進国では断トツであった。国連のクワラスワミはこれに対して、〝日本の女性は騙されているのだ〟と答えたという。日本は国連で、何故なのかもっと真剣に考えろと主張すべきであろう。

最近はどうだろう。株式会社TSトーキョーのプレスリリース「女子約400名に聞いた！『女に生まれて良かった？』働く女子の本音」（2018年2月2日）によれば、次のような結果になったという。

A：生きていく上で、女性は有利？　不利？
有利だと思う：21・2％

不利だと思う：33・8％
どちらとも思わない：45・0％

B：現代日本で働く上で、女性は有利？　不利？
有利だと思う：3・8％
不利だと思う：68・0％
どちらでもない、分からない：23・2％
社会人ではない、働いたことがない：5・0％

C：女に生まれて良かったと思う？
思う：57・7％
思わない：9・8％
どちらでもない：32・5％

最後の問いについて、女に生まれて良かったと思わない人は1割以下ではないか！ 対象とする女性の幅を拡げれば、「思う」の回答が57・7％から70％近くになると思われる（ただし、高学歴者はこの比率は低いと思われる）。

私は、このCの問いに対する結果が一番重要ではないかと思う。女性自身が女であることに対してどう感じているかを示しているからである。欧米先進国の数値は知らないが、これよりずっと低いのではないか。

この問題は何故なのか、世界（特に欧米）は考えるべきである。日本の伝統、慣習、といったものを上から目線（私はそう思う）ではなく素直な目で見るべきである。例えば、日本では家庭の財布は夫ではなく妻が握っているのが普通である。欧米の家庭では普通ではない。決して日本は男尊女卑の国ではない。日本は儒教国家ではない。よくそう思われているのは、戦後における日本を否定する教育の影響によるところが大きい。日本は上下ではなく役割を明確にし、お互いにその〝役割に対して尊重〟しているのである。日本独自の役割分担のやり方や考え方が、結局自然と平等につながっているのであろう。このことを理解せずして、他国（国連）が安易に干渉すべきではないし、日本は自信を持って国際社会に対応すべきであろう。
かつて次々とヒット曲を飛ばし一世を風靡したアジアの歌姫テレサ・テン。そのヒット曲の歌詞は何を意味するのか。およそ、国連の主張と相いれないものであろう。

(2) 死刑制度廃止の押し付け

「国家による殺人」、それが死刑制度である。だから、国連が日本に廃止勧告を行っている。日本弁護士連合会によれば、死刑制度の存置及び廃止の状況は次のようになっている。

1990年当時
死刑制度存置国：96ケ国
死刑制度廃止国：80ケ国（10年以上執行していない国含む）
2019年時点
死刑制度存置国：56ケ国

死刑制度廃止国：１４２ケ国

（「死刑廃止を考える」Ｑ７より）

この数値が示すように死刑制度は廃止の傾向にある。国際的な潮流である。イギリス、フランス、ドイツ、カナダ、オーストラリア、トルコ等は死刑制度廃止国である。フィリピンもそうである。日本をはじめ、アメリカ（一部の州）、中国、イラン、北朝鮮は死刑制度がある。多くの国を植民地にして何千万もの生命を奪った国が、今度は人命を尊重せよと言う。欧米は、日本が国際連盟で「人種差別撤廃」を提案しても受け入れなかったにもかかわらず、自分たちが何かを取り入れたらそれを世界に押し付けるのか。

何故、死刑廃止を主張するのか？　国際人権団体アムネスティによると、それは、たとえどんな凶悪犯でも死刑は人の命を奪う行為であり（もう一つの殺人）、それは許されないことだからだという。誰も生きる権利を奪えないということである。被害者の遺族の権利、感情はどうなるのか。これについては、国がきちんと保障すべきである。

経済的にも精神的にも救済措置を取るべきであると説く。また、以下の内容を紹介している。バングラデシュ移民のある教えでは、「寛容は復讐に勝る」という。ある被害者の遺族は死刑が執行されても何も変わらなかったという。ノルウェーの法務大臣は、77人の命を奪った犯人に対し国民から死刑を望む声はなかったのか？との質問に対し、「憎しみを持つ人はいたと思います。しかし、死刑を望む声を公の場で聞いたことはありません」「このような寛容の背景には、宗教ではなく、福祉制度と更生への努力が、犯罪をおさえるという理解があるのだと思います」と答えている、ということである。

それと、アムネスティだけでなく、死刑廃止の理由のもう一つの大きなものは、冤罪の場合に取り返しがつかないということである。イギリスでは1969年に死刑が廃止された。それは、死刑執行の3年後に真犯人が見つかったことがきっかけだった。日本でも死刑囚からの再審請求がなされている。冤罪はあってはならない。死刑に関わる場合は絶対である。

さらに、死刑廃止を主張するもう一つの大きな理由は、死刑制度は犯罪抑止につながらないということである。当時のマスコミが死刑制度を廃止しても犯罪は増えなかったと伝えていたのを覚えている。私は正直信じなかった。命を奪う、奪われるという部分は、ものすごい部分である。終身刑と死刑では天地の差がある。（凶悪）犯罪抑止に効果がないとは、どう考えても信じることができなかったのを覚えている。犯罪率の根拠となる数値報告は死刑制度を廃止した前後の数値のみが多く、またかなり前のものであり、現在はどうかという数値報告はない。

Ｙａｈｏｏ！知恵袋で『……死刑を廃止して国が良くなったとか（中略）。または死刑制度があるために、犯罪率が悪化しないとか、国が良くなったとかの具体的なデータや話があれば教えてください』という質問をしていた方がいたが、回答は次のようなものだった。

・カナダ（１９９６年廃止）、フランス（１９８１年廃止）では死刑廃止後、殺人が急激に増えた。※具体的な数値なし。

・イギリス（１９６９年廃止）では、１９６５年から１９７７年の間の殺人事件数の推移が次のようになった。

死刑制度廃止前：１９６５年57件、66年72件、67年64件、68年76件、69年78件
死刑制度廃止後：１９７０年99件、71年91件、72年85件、73年83件、74年１２５件、75年99件、76年１０８件、77年１１６件

この数値の増加は何を意味しているのか。確かにいろいろな要素があるため死刑廃止そのものが原因なのかは一概には言えないが、この凶悪犯罪数増加の傾向は、ある程度の先進国なら他国も同じではないかと思う。死刑制度は間違いなく凶悪犯罪抑止効果はあると思われる。基本的には死刑制度はやむを得ないというのが私の考えである。

私が考える死刑制度の一番の問題点は冤罪である。最近の例では、戦後5件目の再審開始決定がなされた袴田事件である。１９６６年6月に静岡県清水市で一家４人が殺害された事件で、１９８０年に被告の死刑が確定した。２０２３年に再審開始の決定がなされた。冤罪の可能性が高い。

しかし、現在は冤罪による死刑の可能性は低いと思われる。DNA鑑定の精度も上がっており、司法に対する世間の目も厳しくなっている。日本の場合、死刑制度廃止よりも再審制度の改革が望まれる。国際人権団体アムネスティのすばらしさは認めるが、内容によっては、あまり自分たちの主張を押し付けるのを控えるべきであろう。その国の持つ特徴、取り組み方、国民のコンセンサス等をもっと見るべきであろう。

(3) 銃規制の放置

2017年時点で人口比では世界の4%に過ぎないアメリカが、世界の民間人が所有する銃の46%（8億5700万丁）を占めている。驚いたことに2006年には6億5000万丁から先程紹介した数値8億5700万丁に上昇している。米国市民の約4割が銃を所有している。

殺人事件に占める発砲案件の割合は、アメリカ（2016年）64%、イングランド・ウェールズ（2015・2016年）4・5%、カナダ（2015年）30・5%、オーストラリア（2013・2014年）13%である。

アメリカの銃による死者は、２０２０年に銃乱射事件が６１０件と過去最高を記録、銃犯罪による死者数は１万９４１１人に及ぶ。負傷者を含めると一日平均約１００人が犠牲となっている。銃による自殺件数は銃による殺人件数の倍となっている。年により数値に違いはあっても（増加傾向にある）、悲惨であることは何ら変わらない。

２０２２年５月24日、テキサス州のロブ小学校で児童19名と職員２名が死亡する事件が起きた。２０２３年５月８日には、同じテキサス州のショッピングモール乱射事件で８名が犠牲になった。その翌月の25日にアメリカの政治専門サイト「ポリティコ」等が実施した世論調査によると、65％の人が「銃規制を強化すべき」と答えている。当然であろう。何とこのテキサス州のヒューストンにおいて〝銃規制に反対する〟ロビー団体「全米ライフル協会」の年次総会が開かれたのである。地元の市長等が中止を求めており、会場の外では抗議集会が開かれていた。しかし、これだけの悲惨な事件が起こっているのに、まるで〝堂々と〟行われた。はっきり言って異常と言えようか。

ここで思うのだが、何故、国連はアメリカに「〇〇を規制すべきではないか」と勧告しないのか。我が日本には、別に問題が生じていないのにもかかわらず、アレコレと勧告するくせにである。国連というのはもともと戦勝国のために作られたものであるが、実質はアメリカ一国のためにあるのではないか。そう思えてならない。

（4）裁判員制度、18歳成人、日本人の働き過ぎ等

これらも、全て国連を隠れ蓑にした欧米の価値観の押し付け、自分たちの慣習、実行していることの他国（特に日本）への同調圧力の結果の一つといえよう。私の偏見も含まれているが読者も一度立ち止まって自身の考えで判断されることを望む。

A：裁判員制度は、建前はさておき、アメリカの陪審員制度やヨーロッパの参審制に、合わせろ、近づけろ、真似よ、と言われたのに違いない。私も現役の時、社員にこの説明をしたことがある。素人の裁判員の存在にあまり意味があるとは思わない。本当にこの制度は必要なのかよく分からない。あっても構わないが……。これでも手間と経費が費やされているのである。

B：18歳成人も、欧米に合わせろと言いたいのであろうか。日本も抵抗できないのであろうか。別にそれが悪いわけではない。しかし、日本人自身が判断すべきものであろう。日本の裁判制度や20歳成人制度に大きな問題があったのか。他国に迷惑をかけることがあったのか。まだまだ言いたいことはあるが、とにかく理由なき変更に違和感があるのである。

C：「日本人は働き過ぎだ！」という。その通りかもしれないが、言われている程ではないだろう。祭日（祝日）の数は日本が断トツである。2020版ジェトロ「世界の祝祭日」によると、上から1位が日本で18日、続いて2位がカナダとイタリアで12日、次いでアメリカ11日、フランス11日、イギリス（イングランド・ウェールズ）9日、ドイツ9日となっている。日本は断トツである。この事実はほとんど知られていない。すでに日本人は1週間以上の有給休暇が与えられているのである。また、世界一安全な国、世界一正確な列車運行、さらに「お客様は神様」「オ・モ・テ・ナ・シ」といった接し方は日本特有のもので他国にはない。つまり、日本人が醸し出す工夫、努力から生まれた成果、結果の中身、質が他国とは違うのである。宅配便の再配達制度は日本では当たり前であるが、フランスでは不在通知もない。労働、勤労は喜びだというのは日本の伝統の中で育まれたものである。マスコミはこのことをきちんと検証しているのであろうか？　極めて疑問である。

（5）NTTも変更を余儀なくされた？

ひと昔前はISDNといってNTTが中心となり日本をデジタル国家にしようとしていた。交換機も電子交換機からデジタル交換機に移行し、性能も世界一であった。デジタル社会に備え、FAXもG4（Gはグループの頭文字）型を標準化しようとしていた。しかし、ISO（国際標準化機構）により、日本のYインターフェースは国際標準に合わないとして無理やり、性能の落ちるIインターフェースに変更させられ、そのうちADSLという（日本を潰すために）アナログを交えた方式が一時隆盛を迎え、現在の光ファイバーの時代を迎えた。携帯端末を使った情報通信iモードは画期的であったが、世界標準とはならなかった。

評論家は〝モノづくり〟技術だけではだめだと主張しているが、欧米は日本が世界の中心になるのがいやなだけであろう。評論家もそれらしきことを言わなければならないから言っているだけであろう。新型コロナワクチンも、アメリカの製薬会社のために日本は開発を抑えられていたはずである。かつてのワクチン大国日本を脅し、ほぼ治まった頃に日本にワクチン製造を許した。この度、第一三共が開発した新型コロナワクチンが２０２３年７月末に厚生省から使用許可がおりた。こういったことに対する論評・説明はまさに、本書の「太平洋戦争」（大東亜戦争）に対する著名な論評と同じモノが見えてくる。

日本よしっかりしろと言いたい。

「憲法改正」を行い、真の独立を勝ち取ること以外にないであろう！

4　情報は受け取るのではなく精査する

もう随所で述べているが、ダメ押しで言わせていただく。世間やマスコミで言われていることを絶対に鵜呑みにしない姿勢が大切である。ウクライナ侵攻でもプーチン大統領の独裁性や民主的でないことが主な原因ではない。新たに始まったイスラエル国家のガザにおける紛争でも同じことが言える。ハマスのイスラエル区域への奇襲が発端であるがそんな表面的なことが原因ではない。

最近までイスラエルとその周辺国との5度にわたるいわゆる中東戦争が勃発したが、この発端となった真の原因についてマスコミ等で取り上げない。イスラエル国家独立に反対したアラブ周辺国がイスラエルと戦争状態になったのは違いないが、何故周辺国が反対したのかはまず報道されない。イスラエル国建国の時にユダヤ人居住区とパレスチナ人（アラビア人）居住区の区分けに著しい不平等があったからである。同区域内にパレスチナ人はユダヤ人の3倍いたのである。だから区分けも1対3にすべきところ、パレスチナ人居住区45％、ユダヤ人55％と何とユダヤ人居住区の方が大きかったのである。将来、世界に散らばっているユダヤ人が帰れるようにそのエリアを確保するためだというイスラエルの主張がとにかく国連で認められたからである。多くの国が棄権（賛成33、反対13、棄権10、欠席1）したが、ユダヤ資本の影響が大きいアメリカの圧力もあり多数決で採択された。確かに多くのアラブ人はユダヤ国家そのものが建国されること自体を望まなかったのであるから、この時にキチッと区分けをしていても、5次にわたる中東戦争も、いまのガザ地区における紛争?もなかったとはいえない。

しかし、誰が見ても不公平な区分けであるから、常に〝紛争の種〟を残したことになってしまった。話し合いをもってしてもその根本的な問題はどうするのか？　戦争を収めようとしても根本がおかしければ収めようがないではないか！　したがって真実を隠していくら専門家がもっともらしい解説をしても、しっくりいかないのは当然である。確かに今更そんなことを言っても仕方がないかもしれないが、今後同じようなことがあった場合、歯止めになることは間違いないし、真の解決策を探る上でも重要である。

私は読者にとにかくこう言いたい。自分自身で調べ確かめることが大切である。特に国際問題は、絶対にマスコミの言うことは参考程度に留めるべきである。特に日本のように国の安全を他国に委ねている国の国民は、一層そのことを認識すべきであろう。

おわりに　（日本の「共生の精神」（和の精神）こそが世界を救う！）

読者は終始同じような私の主張を読まされて大変だったかもしれない。でも私自身は言いたいことを言わせていただき感謝している。最後に「共生の精神」について言わせていただきたい。前著『煌めく太陽』（幻冬舎ルネッサンス新書）にも書いたが、もう一度強調しておく。

やはり、どう考えても世界を救うには〝共生の精神（和の精神）〟しかない。その精神は古代から「我が日本」に芽生えていたものだと思う。いわゆる「神道」にしても、ただ単なる「自然崇拝」信仰といえる。唯一絶対的な神がいて、他の者は認めず排除するといったものではない。自然は自然である。その前では人はみな同じである。今もこれまでも、日本は他国の多くのものを取り入れ、それをこなし育んできた。日本はまさに他のものを受け入れる素地を持った民族であり、うまく発展させれば多様性社会といえるであろう。一時流行した〝「NO」といえない日本人〟であるが、それは能力がなく単に控え目であるからではない。他を受け入れる素地があるからであろう。西洋は〝これが正しいんだ！　それ以外は間違っている！〟という社会である。それだけでは紛争が絶えないから、その解決策として多数決の原則があり、結局、民主主義社会国家が正しい形態とされている。

しかし、現実はそう単純ではない。民主主義を取り入れている国は60ケ国であり、それ以外の119ケ国に対してむしろ少数派である。それは遅れているからであると決めつけるのはどうであろうか。いずれ乗り越えるかもしれないが、やはり、他を受け入れるというベースがなければ長くは続かないであろう。世界は日本独特の〝曖昧性を持つ日本〟をもっと研究すべきであろう。そして、日本はもっと日本という国をアピールすべきであろう。

かつての日本の植民地統治は、欧米と違い「共に発展しよう」という「共生の精神」

に基づいて統治していた。ただの収奪だけではない。日本の統治を悪く言うのは、日本敗戦による戦勝国の宣伝と左翼学者の宣伝と、そういうことにより利益を得ることを目的とした団体等の誹謗中傷に過ぎない。植民地統治において「神道」を強制したといっても、「神道」はただの自然信仰がベースである。キリスト教のような、教え、教義を押し付けているものとは違う。ただ、皇居に向かって頭を下げろという程度である。神社も造ったが、そこで現地人を集め神主が「神道」を説いたわけではない。もともと、「神道」に教義等はない。

日本独自の「和の精神」「共生の精神」をベースとした社会。これしか世界を救えない。このことだけはどう考えても間違いないと思う。

主要参考文献（順不同）

『昭和史の論点』坂本多加雄、秦郁彦、半藤一利、保阪正康著　文藝春秋　2000年
『日本軍が銃をおいた日　太平洋戦争の終焉』ルイ・アレン著　長尾睦也、寺村誠一他訳　早川書房　2022年
『大東亜共栄圏　帝国日本のアジア支配構想』安達宏昭著　中央公論新社　2022年
『「日本の朝鮮統治」を検証する　1910-1945』ジョージ・アキタ、ブランドン・パーマー著　塩谷紘訳　草思社　2017年
『シンガポール　世界を変えた戦闘』ジェイムズ・リーサー著　向後英一訳　早川書房　1969年
『反日メディアの正体　戦後日本に埋め込まれた「GHQ洗脳装置」の闇』上島嘉郎著　経営科学出版　2021年
『アメリカの鏡・日本　完全版』ヘレン・ミアーズ著　伊藤延司訳　KADOKAWA　2015年
『アジアの人々が見た太平洋戦争』小神野真弘著　彩図社　2015年
『侵略か、解放か!?　世界は「太平洋戦争」とどう向き合ったか』山崎雅弘著　学研プラス　2012年
『世界から見た大東亜戦争』名越二荒之助著　展転社　1991年
『日本人と戦争』ロベール・ギラン著　根本長兵衛、天野恒雄訳　朝日新聞社　1990年
『満州国は日本の植民地ではなかった』黄文雄著　ワック　2005年
『台湾は日本の植民地ではなかった』黄文雄著　ワック　2005年

『人種戦争――レイス・ウォー　太平洋戦争　もう一つの真実』ジェラルド・ホーン著　加瀬英明監修　藤田裕行訳　祥伝社　２０１５年
『人種差別から読み解く大東亜戦争』岩田温著　彩図社　２０１５年
『大東亜戦争の開戦目的は植民地解放だった　帝国政府声明の発掘』安濃豊著　展転社　２０１７年
『もういちど読む山川日本近代史』鳥海靖著　山川出版社　２０１３年
『もういちど読む山川世界現代史』木谷勤著　山川出版社　２０１５年
『改訂版　詳説世界史研究』木下康彦、木村靖二、吉田寅編集　山川出版社　２００８年
『改訂版　詳説日本史研究』佐藤信、五味文彦、高埜利彦、鳥海靖編集　山川出版社　２０１７年

著者紹介

三ツ森正人（みつもり まさと）

1952年3月　兵庫県伊丹市生まれ。
2016年3月　NTT定年退職。
現在関連会社でビル管理人業務勤務。
著書に『昇る太陽　知られざる大東亜戦争とアジアの独立』（幻冬舎、2018年）、『煌めく太陽　太平洋戦争はアジア侵略戦争だったのか』（幻冬舎、2020年）がある。

幻冬舎ルネッサンス新書 264

日本《にほん》の衝撃《しょうげき》　侵略《しんりゃく》か！解放《かいほう》か！
太平洋戦争《たいへいようせんそう》の歴史的意義《れきしてきいぎ》を問《と》う

2024年4月30日　第1刷発行

著　者　三ツ森正人
発行人　久保田貴幸

発行元　株式会社 幻冬舎メディアコンサルティング
〒151-0051　東京都渋谷区千駄ヶ谷4-9-7
電話　03-5411-6440（編集）

発売元　株式会社 幻冬舎
〒151-0051　東京都渋谷区千駄ヶ谷4-9-7
電話　03-5411-6222（営業）

ブックデザイン　田島照久
印刷・製本　中央精版印刷株式会社

ISBN978-4-344-94979-9 C0295
幻冬舎メディアコンサルティングHP
https://www.gentosha-mc.com/